De la génesis al fin de nuestro Universo

Un ensayo sobre más allá del Apocalipsis Terrícola
Segunda Parte

ARMANDO FRAUSTO SOLÍS/

JUAN FRAUSTO SOLÍS

A

Mi dulce amada esposa y compañera de mi entero Tic Cosmológico

Sandra Luz Soberanis Barreto

Quienes han y serán motivo de mi existir

Myriam Frausto Soberanis

Norma Angélica Frausto Soberanis

Camila Villarino Frausto

Y muy en especial a

Mi hijo Armando Jr.
Por favorecernos con su amor y ternura

Armando Frausto Solís, 6 de septiembre 2022

CONTENIDO

AGRADECIMIENTOS

Antes del año 43 a.C. Marco Tulio Cicerón nos heredó una frase muy profunda, para nunca olvidar, con la obligatoriedad de tenerla muy en mente: "no hay deber más necesario que el de dar las gracias". Hoy que se ha culminado la "Edición Oro" del ensayo *"De la génesis al fin de nuestro Universo"*, uno de los proyectos más añorados de mi vida, me resulta imperioso hacerlo.

Empezaré plasmando mi reconocimiento a mi México, a sus instituciones, maestros e investigadores, por haberme brindado todas las facilidades educativas, desde la básica, la profesional y la de posgrado, resultando el aprendizaje una meta que por fortuna jamás de los jamases termina.

Gracias al Instituto Politécnico Nacional, metafóricamente mi Alma Mater, por haber edificado mi educación media y superior, enseñándome el camino de "La Técnica al Servicio de la Patria".

"Por mi raza hablará el espíritu", enmarca mi gran gratitud con la Universidad Nacional Autónoma de México, por construir mi "pensamiento científico", que busca afanosamente acrecentar la capacidad de razonamiento, análisis y solución de los problemas, vinculados con los fenómenos naturales y sociales de un mundo científicamente cada vez más avanzado, complejo y que hoy día está "en jaque" por el Calentamiento Global de la Tierra, fenómeno que cobra la factura al hombre, por la insólita destrucción de sus ecosistemas, representando su riesgo apocalíptico más visible, siendo relevante reconocer a quienes se han volcado a revertir esa amenaza.

Las palabras y el espacio no alcanzan para agradecer a quienes, de una u otra forma, me ayudaron a hacer realidad el proyecto. Por eso, se incluyen los apartados de Conclusiones y Gratitudes por los apoyos recibidos. Aquí solo mencionaré, de manera muy especial a Lilí Sosa, quien elaboró la bella portada del libro, utilizando la fabulosa fotografía del 19 de noviembre 2021 de un eclipse lunar, llamado en inglés "Blood Moon", tomada por John Gómez[1], a quien le extiendo un enorme reconocimiento (www.johnnygproductions.com/havenlyskies)

[1 He is a professional photographer living in South Lake Tahoe, California in the United States. John specializes in wildlife, landscape, and astrophotography. His photography spans the world coming from his adventure tour company, *Johnny G Adventures*]

El amable lector es con quien más debo congratularme, por su interés en esta maravillosa y enmarañada trama del Universo y publicada en una primera edición, que perfeccionaré, si mi Tic Cosmológico se extiende lo suficiente para lograrlo.

Finalmente, un universo de gracias a la naturaleza por plantarme en este prodigioso planeta que es la Tierra, el que debemos apreciar y cuidar, sin ignorar que es el único mundo que poseemos.

Sinceramente,

Armando Frausto Solís

i

Prólogo

Nuestro mundo, como tantos otros, que navega en la inmensidad del tiempo y el espacio se le ubica a la mitad de una panorámica cósmica que se expande de forma acelerada, misma que puede ser finita, pero también ilimitada y cuyo centro real parece no existir, pues cualquier punto podría serlo.

Saber dónde estamos y porqué existimos es lo más imperioso del ser humano, que siempre ha deseado entender y explicar el origen del todo, el Universo. Con este marco de referencia se diseñó "De la génesis al fin de nuestro Universo", obra que será útil para estudiantes, o personas en general que solo intuyen que el cosmos es inabarcable, mismo que concientiza en "lo pequeño del ser equiparado con la grandeza que tiene", dimensión percibida "como la inmensidad y más allá".

Este ensayo tiene un enfoque didáctico, con un mínimo de fórmulas matemáticas. No obstante que trata una temática científica escabrosa, del ámbito de la Cosmología y la Física.

La obra se ha estructurado para su fácil comprensión, pensando que el lector pueda conocer, aprender y motivarse a profundizar en los diversos tópicos. Para amenizarla, ingeniosamente se intercalan asuntos relacionados del dominio general, como la extinción de los dinosaurios, el origen y muerte del universo según la Mitología Nórdica, entre otros. La obra es audaz y ambiciosa, al resolver los enigmas más profundos de todos los tiempos: origen, evolución y culminación del Universo. Sin perder el carácter formativo, se incluyen las bases teóricas fundamentales de Cosmología, Física y Termodinámica, a través de una exposición coherente de los tópicos, con argumentos fuertes y citas bibliográficas, autocontenidas en las secciones, conformando un compendio bien documentado.

Así como el despertar de la historia del tiempo inició desde una máxima concentración de energía, partiendo de lo que filosóficamente se reconoce como la nada, esta que es la segunda parte de la obra irreverentemente arranca en el Capítulo cero, "Preparando el inicio de todo", presentando un libro audaz y ambicioso, calificado así por haber ligado "De la génesis al fin de nuestro Universo". Además, su publicación se propone antes que la primera parte, pensando en conducir al lector a efectuar una travesía desde el nacimiento del cosmos hasta su muerte, despertándole el interés de conocer los fundamentos del tema, motivo de la Parte 1 de la serie, que abordará tanto los antecedentes históricos como los conceptos más básicos de Astronomía y de Física, en sus alcances Clásico, Moderno, Cuántico y Nuclear, terminando con una perspectiva evolutiva del Universo.

La obra podrá ser útil, para estudiantes de cualquier nivel, o personas en general, que sin duda se maravillan ante la inmensidad y plenitud del cosmos, que perciben como infinito. No se omite abordar las creencias de que el Universo germinó de la nada y que permanecerá la eternidad; conjeturas improbables por violar leyes insalvables de la naturaleza, que dictan que todo cuanto existe es consecuencia de una transformación y cualquier comienzo se sujeta ineludiblemente a un final. La narrativa aborda desde la génesis del Universo, continuando con su evolución, marcada por la historia del tiempo, hasta alcanzar los escenarios de la culminación del todo, incluyendo la del Sol, la Tierra y el Apocalipsis Terrícola, contemplando distintos riesgos catastróficos terrestres como el cambio climático, que, si no liquidan la humanidad, la condenarían a llevar una vida mísera y sin posibilidades de desarrollo, en un periodo indeterminado de tiempo.

El Calentamiento Global es del máximo interés científico mundial; por ello se le dedica todo un capítulo, no dudando que algún "viento cósmico" unirá nuestro esfuerzo, a los múltiples trabajos del orbe, que responden al clamor globalizado de "salvemos al mundo".

Armando la imagen de Armando

Los tópicos anteriores son brillantemente planteados por el primer autor de la obra, la cual ha llevado tres años de intensa investigación, ameritando de mi parte exponer una semblanza de este hombre obstinado del saber.

Armando, es desde que tengo memoria, un estudioso de todo: existente o no, imaginable o no, aplicable o no. Tanto analiza un poema, la historia de la humanidad, el cambio climático, la creación del Universo, o la nutrición; es decir las fronteras entre áreas no existen. Su habilidad de asociar temas alejados no tiene límites; puede relacionar juegos de dados, la forma de colocar libros en una biblioteca con el origen del universo y el destino de la vida terrenal. Sus fuentes pueden ser publicaciones populares, Premios Nobel o encuestas a obreros y campesinos. En parte ha de tener razón, a la madre naturaleza no se le hacen exámenes de estadística o termodinámica, cuando crea desastres para corregir errores de la humanidad.

En cada parte de este libro he navegado con Armando buscando explicaciones simples sobre la génesis del Universo, aun cuando muchas son muy complejas. Para escribir el compendio hemos estado en comunicación constante durante mucho tiempo, emitiendo una obra gigantesca, que se dividió en partes, pues hay temas que requieren muchos conceptos, teorías y análisis de modelos matemáticos.

Permítanme cerrar esta semblanza con una abstracción del Universo de Armando, con cierta carga poética, que ayuda a dimensionar el pensamiento y alcance "De la génesis al fin de nuestro Universo".

Universo Nuestro
Cuasi poema de Armando Frausto

Eres tan aterrador como maravilloso, tan fascinante como inmenso,
te hemos modelado a ti, con cuatro dimensiones espacio-tiempo,
empleando dos teorías grandiosas pero divergentes,
una para el macrocosmos, apegada a la gravedad y relatividad,
la otra para tu mundo de lo atómico, atada a la Física Cuántica,

Sí, es un infortunio no conjuntar tus cuatro fuerzas de la naturaleza,
pero los eruditos "no tardarán en crear la sublime Teoría del Todo"
y propalar la Teoría de Cuerdas con sus nueve a once dimensiones.

Sabes, ¡te soñé con tus hermanos jugando alegres en el Multiverso! y
Universo nuestro, la ciencia apunta,
que sostienes unidas tus galaxias,
mediante una malla de finos filamentos,
que armoniza una bellísima Telaraña Cósmica.

Es lo más fastuoso, indecible que ser alguno haya jamás imaginado,
la red de tus vestigios de bebé, cuando eras Universo Primigenio,
Universo Nuestro, mírate cuanto has crecido, ¡eres un gran joven!

Y sí, ahora sabemos de la vasta y poderosa energía oscura de tu vacío,
que impulsa tu expansión acelerada,
que de no parar te llevará a tu trágico final
y que sí se revierte a un nuevo ciclo de vida;
¡ya lo veremos!

Juan Frausto Solís: https://orcid.org/0000-0001-9307-0734

Capítulo 0: Preparando el inicio de todo

0.1 Preámbulo

Previo a la presentación "De la génesis al fin de nuestro Universo", es menester establecer el marco de diseño. En primer término, expondremos que, sin ser rigurosamente un ensayo, es una obra expositiva didáctica, presentando al lector una difícil temática, para que la conozca, aprenda y se motive a profundizar en lo que representa el cosmos y el lugar que ocupa el humano a la mitad de la inmensidad del tiempo y el espacio, aun cuando un punto central pareciera que no lo hay.

En segundo, la estructuración y redacción del libro, se hizo tratando de lograr su fácil comprensión, estando claros en lo enmarañado que resulta el tema. Tercero, se emplea al mínimo la matemática, en espera de una lectura ágil, sin conocimiento riguroso del lector de esa disciplina, aun cuando se profundiza cuando es imprescindible hacerlo. Cuarto, sin perder su carácter formativo, se incluyen las bases teóricas fundamentales. Quinto, se consideró de vital importancia hacer una exposición coherente, de los diversos tópicos, con argumentos fuertes y con citas bibliográficas, autocontenidas al pie de párrafos de los diferentes apartados, conformando un compendio bien documentado.

No dudamos que se apreciará lo audaz y ambicioso del trabajo, calificado así por haber ligado desde la génesis de nuestro Universo hasta la muerte de todo. Sobre la culminación, la narrativa arranca con los escenarios terminales del cosmos, siguiendo con el Sol, la Tierra, el Apocalipsis Terrícola, para desembocar en los riesgos catastróficos terrestres, como el Calentamiento Global que, de no controlarse, sino liquida la humanidad, sí la condenaría a llevar una vida mísera y sin posibilidades de desarrollo, en un periodo indeterminado de tiempo, pudiendo surgir alguna otra terrible hecatombe cobradora de vidas humanas del 5%, 10% o más.

Se trata un entorno científico escabroso, orientado a la Física y Cosmología, pero también a otras disciplinas, que hoy en día estudian con tesón el tema de los riesgos existenciales, mismo que se aborda, por la gran importancia que reviste mundialmente. Se remarca que, hasta donde fue posible, se procuró dar un enfoque didáctico a la obra, aun cuando ciertos apartados deben incluir algunas fórmulas y/o desarrollos imperiosos.

Los escenarios de muerte y destrucción que referiremos responden a dos niveles de riesgo adoptados aquí como catastróficos y existenciales, clasificación planteada por la bióloga molecular peruana Clarissa Ríos Rojas en entrevista difundida en los medios. Ella pertenece al grupo de científicos que estudian, en la Universidad de Cambridge, lo qué puede terminar con los terrícolas. El área de investigación de la incierta extinción humana la comanda el prestigiado astrónomo británico Martín Rees, autor de "En el Futuro. Perspectivas para la humanidad". Clarissa hizo notar que existe una diferencia entre riesgo catastrófico y existencial, pues este último no "acepta medias tintas", significa muerte; es decir, el apocalipsis terrícola y de la mayoría de las especies, aun cuando algunas podrían adaptarse y salvarse.

Ahora, científicos publican escenarios plausibles del fin "de todo", que caen dentro de los cinco niveles catastróficos planteados por Isaac Asimov, que visualizó en el primer nivel el fin del Universo; en un segundo el del Sol, colocando como número tres la destrucción plena de la Tierra.

Al apocalipsis terrícola, o riesgo existencial, que implica la completa desaparición del hombre sobre la Tierra, se le ubica como cuarto nivel y, finalmente, al quinto y último se le designa como riesgo catastrófico global, que se daría sí la vida sobre el planeta siguiera, después de que un suceso trágico produjese una gran destrucción, con infinidad de pérdidas humanas/materiales (5%, 10% o más). Sería una horrenda hecatombe, que demeritaría a tal grado la civilización, que impediría cualquier avance tecnológico, condenando al terrestre a llevar una vida solitaria, mísera, desagradable y corta, durante un período indefinido, como ya se indicó.

Continuando la disertación, es preciso traer a escena al Multiverso, una hipótesis que supone la existencia de otros cosmos, adicionales a nuestro Universo, pudiendo ser muy diferentes entre todos y al nuestro. Al Multiverso, Stephen Hawking[1] lo concibió como infinidad de burbujas, que surgen en un depósito de agua hirviendo, que no deja de expandirse.

No hay palabras suficientemente certeras para describir la grandeza de nuestro Universo, ni páginas que alcancen para relatar su inmensidad; un afortunado evento de la naturaleza o una Divinidad debe de haber creado esa maravilla. Según la visión de Stephen Hawking, aquí adaptada, durante el Big Bang, el momento de la génesis, se experimentó una fase de expansión con aceleración exponencial inicial, o de inflación, seguida de otra de expansión

---

[1] https://www.nationalgeographic.com.es/ciencia/ultima-teoria-hawking-sobre-origen-universo_15286

desacelerada, en la que las partículas elementales de la materia pasaron a formar los átomos de hidrógeno y helio, para luego evolucionar en estrellas, galaxias y planetas[2].

Antes de 1929 hasta el mismo Albert Einstein justificaba un universo estático, que no se expandía ni contraía. Así que, para conciliar ese supuesto, con su modelo de Relatividad General, introdujo en las ecuaciones del campo gravitatorio la Constante Cosmológica. No obstante, en aquel año Edwin Hubble descubrió que las galaxias se separaban unas de otras, concluyendo: "nuestro Universo no es invariable, está en expansión". A Einstein no le quedó más remedio que desechar, en 1931, aquella constante externando algo como: "es el peor error de mi vida".

Todo hacía suponer que la fase de desaceleración eventualmente "finalizaría la expansión del cosmos"; ¡pero no!, recientemente se reveló, que desde hace unos 6100 millones de años, se experimenta una expansión acelerada, que podría llegar a desgarrar incluso el espacio-tiempo, siendo uno de los eventos terminales contemplados del Universo.

Aun cuando en los párrafos anteriores está la esencia del trabajo, se describirá un poco más su contenido. El Capítulo 1 trata "De la génesis al cosmos de hoy", proponiendo que un evento germinador inició la historia del tiempo, que avanzó ya 13 mil 800 millones de años terrestres, hasta lo que es el universo de hoy, con un incontable número de galaxias, estrellas y planetas, sede de las especies que como la humana se dispersan en distintos mundos, admirando la inmensidad que la creación les ofrendó.

El mismo capítulo justifica que al Universo lo rige el caos, pues sin él no se podría distinguir el pasado del presente. Caos de "khaos", era una palabra utilizada para referirse a "un abismo profundo y oscuro". La mitología griega establece que Caos era una divinidad sin personalidad, que fue la encargada de darle forma a Erebo, el dios de las tinieblas y a Nyx, la diosa de la noche. Pero, en general en el fondo se alude a la falta de orden, a la desorganización o al desconcierto.

El Capítulo 2 "Universo y Termodinámica. Hacia las estrellas y catástrofes terminales", ubica al lector en los cuatro principios de esa ciencia de la energía y el calor, fundamentales para comprender que todo lo que sucede se soporta en esos cimientos, constituyendo un marco de cuatro leyes, a las que se apega el cosmos y todos los cuerpos que lo componen. Cómo nacen y mueren las estrellas es un tema cautivador que también se trata. Según la percepción humana, las distancias entre galaxias son enormes, las estrellas son incontables y todo el Universo se rige por lo desmesurado, obligando a invocar a los grandes números, tema que, junto con otros, se esperan interesantísimos para el lector.

---

[2] Stephen Hawking, Properties of expanding universes, Ph.D. Thesis, Cambridge University, 1966, https://cudl.lib.cam.ac.uk/view/MS-PHD-05437/1

Preparando el final de todo, el tercer Capítulo, agrega un retoque conceptual, para ir al Cuarto, al que le toca el desenlace, pues todo cuanto inicia tiene un final y el cosmos con sus integrantes se verán sujetos a eventos terminales, que en la lejanía de la historia del tiempo se irán acomodando, desde la extinción humana, la Tierra, el Sol y al final el Universo. Después de plantear el apocalipsis del hombre, presentamos una sección, sobre la extinción de los dinosaurios que aconteció en el tránsito Cretácico-Terciario, porqué la biósfera sufrió una importante renovación, disminuyendo en gran medida esa especie, que acabó liquidada por un evento catastrófico a escala planetaria, causado por el impacto de un meteorito en aquella época.

El Calentamiento Global es la amenaza más visible de la humanidad y no se omite tratarlo. Este peligro es de máximo interés científico mundial, ya que de no parar el aumento de temperatura traería, sin ninguna duda, el "apocalipsis terrícola", así que, haciendo, eco a las acciones mundiales, se apertura el Capítulo 5, previo a los apartados de Conclusiones y de Gratitudes por los apoyos recibidos.

Además de lo expuesto anteriormente, "Preparando el inicio de todo" resume también algunas bases necesarias para comprender el universo, incluyendo conceptos claves, como son masa y energía, leyes de la física de Newton y Kepler, teoría de la relatividad de Albert Einstein, Física Cuántica, materia y antimateria. Estos y otros temas como son Astronomía, Astrología, Física, en su entorno clásico, cuántico y nuclear son abordados con amplitud en la "Primera Parte de la Obra", que estratégicamente se emitirá posteriormente, como se señaló en el apartado "Presentación".

0. 2 Conceptos Claves

0.2.1 Masa y Energía

La materia y la energía intercambian sus formas, pues son inherentes, ya que aumentos o disminuciones de una afecta con correspondencia a la otra, siendo directamente proporcionales a través del cuadrado de la velocidad de la luz (300 mil km/s, cerrando la cifra).

La ilustre fórmula $E = mc^2$, establecida por Albert Einstein, en 1905, en su teoría de la Relatividad Especial, es uno de los más notables legados científicos de todos los tiempos. El saber que las masas de los cuerpos curvan el espacio-tiempo, ha sido gracias a la Teoría de la Relatividad General, establecida en 1915, de acuerdo con la cual la gravedad es consecuencia de las concavidades, ver la Figura 0-1. Los cuerpos dentro de un campo gravitatorio siguen una trayectoria espacial curva, aun cuando se perciban moviéndose en trayectorias "rectas". En un espacio esférico, las "paralelas" se juntan en un punto. Hay que recordar que los paralelos de la Tierra son líneas rectas que se unen en los polos, que aun no siendo lineales son las distancias más cortas.

4

0.2.2 Principio de dualidad onda-partícula

La luz está compuesta de fotones y también es una onda, pues sorprendentemente es ambas cosas, perturbación electromagnética y partícula, apegándose, al igual que los electrones, al principio de la dualidad cuántica. La dualidad onda-partícula es un fenómeno cuántico, bien comprobado empíricamente, por lo que muchas partículas exhiben comportamientos típicos de

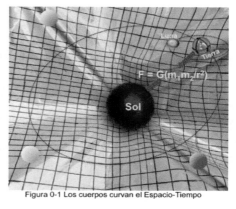

Figura 0-1 Los cuerpos curvan el Espacio-Tiempo

ondas (masa nula) en unos experimentos, mientras que en otros ensayos si se manifiestan con masa. Así que, no olvidar los fotones de la luz y los electrones de los átomos adoptan la propiedad de dualidad, una propiedad exclusiva del mundo cuántico[1].

[[1]H. González, Burón, Cómo explicar física cuántica con un gato zombi. Kindle]

La luz se mueve a una velocidad de 299 mil 792.458 km/s, recorriendo en un año una inmensa distancia, que se conoce como 1 año luz (abreviado como al o ly). El año tiene 365.255936 días, de forma exacta. La equivalencia de un año luz en kilómetros es: 1 al = 1 ly $\cong$ 9.46 x 10^{12} km = 9.46 billones de km.

El valor de desplazamiento de la luz es constante, divorciada del estado del observador, movimiento o reposo, así como de su ubicación, sin importar si está en la Tierra, en Marte, o en el exoplaneta Alfa Centauri B de la constelación astral Centaurus, o cualquier otro lugar del cosmos; no importa, ¡la velocidad de la luz tiene siempre el mismo valor!

Alfa Centauri B está a 4.37 años luz de la Tierra, un poco más de 40 billones de km, siendo el billón un 1 con doce ceros al frente. Sí, las distancias para ir a otros mundos son enormes y la permanencia del hombre en el cosmos lo apremia; ¡cómo lograrlo, es uno de los retos gigantes de la ciencia!

0.3 Factibilidad viajes interestelares

Un hecho inviolable, que se cumple en nuestro Universo es: Nada ni nadie puede ser más veloz que la luz. Por eso en la "Inherencia del espacio-tiempo y la paradoja del viajero estelar", Libro 1, se plantea un imaginario viaje interestelar a Alfa Centauri B. Se encuentra que yendo al 99.0025 % de la velocidad de la luz, con unos dos meses de estancia en sitio, la excursión, en redondo, a ese exoplaneta, implicaría para un astronauta 9 años de más edad; ¡ah!, pero a su esposa "le pasarían encima" unos 63 años; sugiriendo que las travesías interestelares, perpetuadoras del hombre, serán comunitarias y generacionales, a menos que la ciencia invente otra manera de desplazarse.

En la historia del anhelado viaje, la pareja del astronauta después de calcular tiempos increpa a su pareja con la advertencia: "¡solo ni a la esquina!". Lo de anhelado es porqué urge que los terrestres busquen otros mundos, ¡el reto perpetuador es apremiante!

Las distancias entre cuerpos celestes son enormes, la tierra se separa de la Galaxia Andrómeda (M31) 2.5 millones de años luz, Mal. Se han detectado unos cuatro mil exoplanetas, catalogados así por ser similares a la tierra y orbitar una estrella; pero hay muchos más. No se pone en duda la vida extraterrestre. No está demostrado, pero hay una probabilidad alta de que los alienígenas posean infinidad de planetas y muchas civilizaciones han de ser más adelantadas que la humana. Podríamos visualizar astronautas interestelares, cohabitando los llamados MIPLANIS (acrónimo de MIcro PLAnetas Navieros Intergalácticos Sustentables), pues es imposible moverse a velocidades superiores a la luz, para alcanzar otros mundos y las travesías comunitarias y generacionales es la opción plausible.

Sobre este futurismo, es del dominio público, por su amplia difusión en los medios, la cita de un estudio de investigadores de la Nasa de que el hombre podría viajar a Saturno en 2076, visión que parece lógica porqué se espera que el hombre visite Marte antes del 2040. Después de estas hazañas los primeros humanos, en travesías intergalácticas, podrán llegar a la estrella más cercana, Próxima Centauri, que está a 4.37 años luz de la Tierra, proeza que sería factible en los próximos siglos, si antes el cambio climático, u otra catástrofe terminal, no acaba con la existencia del hombre sobre la Tierra.

0.4 Leyes de la Física

Con sus salvedades, hay una hipótesis básica de aceptación general: "las leyes de la física son siempre certeras en todo el cosmos". No obstante, sin duda, las singularidades, que representan a los agujeros negros las invalidan ¡ahí no se cumplen! Otra cortapisa se lee en la nota de diversos medios de difusión: "Las leyes de la física podrían no ser las mismas en todos los lugares del Universo". Allí se explica que un equipo de astrofísicos de la Universidad de Cambridge y de la UNSW (del inglés, University of New South Wales) y de Swinburne en Australia, encontraron evidencias que respaldan esta increíble posibilidad. Según esa información, esos investigadores propusieron un artículo para su valoración a la revista Physical Review, donde demuestra que uno de los parámetros de la naturaleza o fundamentales, parece no serlo realmente. Se trata de la constante de estructura fina del Universo, $\varepsilon = 1/137$; pero mientras no se publique para su certificación, no daremos el crédito.

0.4.1 Constante de Estructura Fina del Universo

Para algunos eruditos de Física y Cosmología el 137 es un "número mágico", al justificar de alguna forma como lucen los humanos y todo lo que los rodea. Acontece que 137 aproxima al denominador de la Constante de Estructura Fina del Universo: $\varepsilon = \frac{1}{137.03599913} = 0.00729735$, valor que para otro cosmos posiblemente su "número mágico" sea distinto (ver Figura 0-2).

El número 137 es la medida de la intensidad de la fuerza electromagnética que controla cómo las partículas elementales cargadas, tal como el electrón y el muón, interactúan con los fotones de luz, implicando que uno entre 137.03599913 fotones interaccionan con esas partículas. La Constante de Estructura Fina es una de las constantes claves de nuestro Universo. Este número determina cómo es la actividad nuclear de las estrellas y se debe a ella que los átomos y todo lo demás exista, como explica Michael Brooks en un artículo de New Scientist y Martin Rees en su obra titulada: Just Six Numbers "The Deep Forces That Shape the Universe".

Figura 0-2 La magia del 137

¡Con un valor ε distinto la Tierra y sus terrícolas no existirían, o al menos como lucen hoy día!

0.4.2 Leyes de Newton

Estas leyes relacionan la fuerza, la velocidad y el movimiento de los cuerpos y son la base de la mecánica clásica y la física. Fueron postuladas en 1687 por el físico y matemático inglés Isaac Newton, creando un modelo con varios principios, convertidos en leyes, que sirven para describir el movimiento de las masas. La "Física de Newton" se resume como sigue:

❖ **Primera ley de Newton**: *Un objeto permanecerá en reposo o en movimiento rectilíneo uniforme, hasta que una fuerza actúe sobre él.*
❖ **Segunda Ley de Newton** (principio de la masa):
  ○ *La masa es la encargada de cuantificar el concepto de fuerza, o bien:*
  ○ *La fuerza neta (F) aplicada sobre un cuerpo es proporcional a la aceleración **a** que adquiere este, siendo la constante de proporcionalidad su masa **m**.*
  Esta ley se establece con la fórmula muy conocida: **F = ma**
❖ **Tercera ley de Newton** (principio de acción-reacción):
  Cuando un cuerpo ejerce una fuerza sobre otro, el segundo la ejerce sobre el primero igual y en sentido opuesto.
  Esta ley se establece con la famosa frase:
  A cada acción le corresponde una reacción de igual fuerza y de signo contrario.

❖ **Ley de la Gravitación Universal:** *la existencia de una fuerza de atracción*
entre dos cuerpos, que es
proporcional al producto
de sus masas dividido
por la distancia entre
ellos elevada al
cuadrado.
Matemáticamente la
fórmula de la
gravitación universal es (ver Figura 0.3):

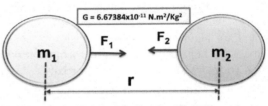

Figura 0-3 Ley de Gravitación Universal

$$F_1 = F_2 = F = G\frac{m_1 m_2}{r^2}$$, siendo G la constane de gravitación
universal, obtenida como $6.67384 \times 10^{-11} N\ m^2/Kg^2$.

Con apoyo en la Figura 0-3 y, con la fórmula de gravitación universal, se
puede calcular la fuerza de gravedad en la Tierra, solo se requiere considerar:

m1=m2= m= masa de la tierra igual a 5.972x1024 Kg

r= radio de la tierra =6,371,000 m

Lo anterior implica elevar al cuadrado
5.972x1024 Kg (para obtener el producto
$m_1\ m_2$) hacer lo mismo con su radio,
6,371,000 m, sacar el cociente, que al
multiplicarlo por G arrojará un valor muy
cercano a 9.807 m/s², que se usa para
cálculos de Física. Esta fuerza es lo que nos
mantiene anclados a la superficie y no flotar
por "los aires". La Tabla 0-1 muestra el valor
de la fuerza de gravedad de seis astros. La
fuerza de gravedad de la Luna que es
relativamente chica, mientras que la del Sol
que es enorme. De la misma tabla se
desprende que la gravedad del Sol es 27.939
veces mayor a la que ejerce la Tierra.

Astro	Fuerza de Gravedad m/s²
Luna	1.620
Marte	3.721
Venus	6.870
Tierra	9.807
Júpiter	24.790
Sol	274.000

Tabla 0-1 La gravedad depende
de la masa. $G_{SOL} = 27.939\ G_{TIERRA}$

Las leyes de Newton son válidas, para modelar el comportamiento de la
gran mayoría de los fenómenos cotidianos, solo que el escenario de
formulación, de las cuatro leyes, no fueron establecidas en un escenario
donde el tiempo y el espacio sean inherentes. Así que, por ejemplo, el cálculo
de la posición de Mercurio, con ese modelo, es impreciso en el perihelio, que
es el punto más cercano al Sol, a diferencia del afelio que es el más alejado.

0.4.3 Teoría de la Relatividad

La teoría, de Albert Einstein, instituida en dos formulaciones, es famosa
por su predicción de fenómenos bastante extraños pero reales, como el
envejecimiento más lento de los astronautas respecto a las personas que

permanecen en la Tierra y el cambio en la forma de los objetos a altas velocidades[1].

[1https://www.nationalgeographic.es/ciencia/2017/05/la-teoria-de-la-relatividad-de einstein-explicada-en-cuatro-simples-pasos]

La primera teoría de Einstein es la Relatividad Especial, divulgada en 1906 y la segunda la Relatividad General, publicada en 1915 y 1916. El modelo se basa en lo siguiente:

"No es posible encontrar un sistema de referencia absoluto respecto al tiempo y al espacio, porqué estos son inherentes; operan unidos, son conceptos relativos". Albert Einstein

La Teoría de la Relatividad Especial considera que los cuerpos se mueven, uno respecto del otro, con velocidad constante. Por ejemplo, una persona en tierra está en reposo, mientras que una nave se desplaza al 50 % de velocidad de la luz, sin cambiarla. Así, el tiempo para astronautas será menor que para los que quedan en tierra. Si fueran dos naves, la teoría aplica bajo el supuesto que se mueven a velocidades constantes, no obstante que sean diferentes entre ellas. Aquí también los relojes caminaran de forma distinta; i.e., más despacio respecto a algo más veloz.

La Relatividad General[1] si acepta que los sistemas u objetos vayan a velocidades variables. Además, esta formulación es general porqué sí considera el efecto gravitatorio del espacio-tiempo.

[1https://naukas.com/2015/11/25/25-noviembre-1915-einstein-relatividad-general/]

Es importante puntualizar que:

❖ Antes de que aparecieran, en 1905 y 1915, las teorías de la relatividad especial y general se suponía que el espacio y el tiempo eran absolutos, implicando que las dimensiones de un objeto eran inalterables sin importar su condición de movimiento y que los relojes mantenían los mismos registros.

❖ La Teoría de la Relatividad cambió de tajo esa idea, debido a que "el tiempo marcha más lento cuanto más rápido sea el movimiento". No obstante, se tiene que "pagar un precio", porqué conforme avanzan los Km/h los cuerpos pesan cada vez más.

Si los terrestres pudieran viajar a la velocidad de la luz (300,000 kilómetros/s o 300 millones de metros cada segundo) de acuerdo con las teorías de Einstein:

➢ Tales seres humanos no envejecerían. No obstante,

➢ La energía requerida para moverse sería desmesurada de acuerdo con la ecuación: $E = mc^2$.

¿Difícil de creer? Evaluemos ese supuesto de acuerdo con la ecuación más famosa de las teorías de Einstein:

Energía $E = mc^2$ para un terrestre de 70 kg, esa fórmula arroja:

$$E = 70(300{,}000{,}000)^2 = 6.3x10^{18} = 6.3 \; trillones \; kg.\frac{m^2}{s^2}$$
$$= 6.3 \; trillones \; de \; Joules$$

Lo que sugiere que para hacer realidad los viajes intergalácticos se requieren viajar en el tiempo, o hacer uso de las naves MIPLANIS, arriba sugeridas, a velocidades ciertamente altas pero manejables, tomando muy en cuenta la energía requerida para su impulso.

0.4.4 Leyes de Kepler

El movimiento de los planetas se rige por las Leyes de Kepler que se muestra en la Figura 0-3B, que se describe como sigue:

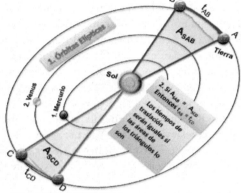

I.   La órbita es elíptica
II.   Se cumple que, para áreas iguales, formadas con cualesquiera dos arcos de dos elípticas A-B y C-D, fijando su centro como uno de los vértices de los triángulos, los planetas recorren esas distancias en tiempos iguales, si las áreas de los triángulos son idénticas

Figura 0-3B Leyes de Kepler

Esto produce el siguiente

Corolario: La velocidad de los planetas, alrededor de sus estrellas, no es constante, siendo la mayor en el perihelio (el de más proximidad) y la menor en el afelio (el más alejado). Es decir:

"Los planetas ralentizan su velocidad, cuanto más alejados estén de su estrella"

0.4.5 Física Cuántica

La Física Cuántica o Mecánica Cuántica, fue establecida en 1900 por el científico alemán Max Planck. La disciplina está regida por la incertidumbre y modela el mundo atómico, en donde no es seguro lo que acontecerá con una partícula. En la Física Clásica con conocer lo que ha sucedido se puede predecir con cierta certitud lo que sucederá; es decir, por lo regular, se puede tener cien por ciento de confianza de que las cosas son y se comportan como se ven (excepto en actos de magia o procesos truqueados).

Una "regla de oro" que se debe tener muy en mente es que la Física Cuántica echa por la borda ese "principio de la seguridad", porqué los sucesos del mundo cuántico se arropan siempre con la incertidumbre, en donde dominan las leyes de lo atómico.

Entonces, la Mecánica Cuántica, determina el actuar del mundo atómico, con sus propios comportamientos y leyes, destacando los principios de dualidad (onda-partícula) y efecto túnel, que significa que algunas partículas pueden traspasar materia a niveles cuánticos. En conclusión, nuestro Universo se estudia con dos modelos de la Física. La Teoría de la Relatividad General gobierna al macrocosmos, pero no opera en el otro mundo, el atómico, para el cual se aplica la Física Cuántica.

0.5 Teoría del Todo

La Teoría del Todo es un objetivo buscado afanosamente, para modelar el proceder "de todo", usando una teoría unificada, para modelar desde lo más ínfimo hasta lo inconmensurable y, lo ideal, sin puntos de singularidad, "the ideal target", diría algún inglés. Este objetivo de los eruditos, "de altas vistas", se ha nominado aquí la "Torre de Babel Cósmica, TBC". La torre de Babel (Figura 0-4), invita a la reflexión, pues el término vincula a la soberbia, que implica que se quiere estar a la altura de Dios y saberlo todo, sí todo, "sin lagunas" y, desde la creación de nuestro Universo, hasta su eventual final.

El concepto teológico, filosófico y antropológico de Dios hace referencia a una deidad suprema. El Diccionario de la lengua española lo define como el "ser supremo de las religiones monoteístas, que creen en la existencia de una deidad o ente superior; la hacedora del todo, del Universo". Yahvé es uno de los nombres con que se designa Dios en la Biblia, de la tradición judeocristiana; aclarándolo porqué la Torre de Babel se cita en el Génesis, el primer libro del Antiguo Testamento, que, junto con el Nuevo testamento, conforman los 66 libros de la Biblia de la tradición judeocristiana.

0.6 La Torre de Babel Cósmica, TBC

El cuestionamiento, planteado por Lederman en su libro más famoso: (La Partícula Divina" Si el Universo es la respuesta, ¿cuál es la pregunta?) tiene que ver con dos cuestiones recurrentes sobre el cosmos, que han existido desde siempre:

> ➤ ¿cómo se formó el Universo?

> ¿cómo se transforma en energía la materia bariónica (la materia común que percibimos y vemos)?

Si entendimos la pregunta de Lederman, es válido plantearla así:

¿De qué "poder Divino" se ha dotado al Universo para que en él se transforme su energía en masa?

Esa "fuerza Suprema o Divina" es lo que Lederman magistralmente bautizó, en su libro, como la "Partícula Divina", o "Partícula de Dios", que nada tiene que ver con lo sagrado o místico, sino más bien con el Campo Higgs, ligada a una partícula elemental, la Divina, que tiene la encomienda de que las demás adquieran masa, ver la ilustración de la Figura 0-5.

Nuestra Torre de Babel Cósmica (TBC) representa la matemática-física-cósmica, en su Teoría del Todo.

La metáfora Bíblica del Génesis, 11:1-9 vincula a la Torre de Babel, la que se acondiciona, en el Capítulo 1, creándole a la TBC una alegoría propia.

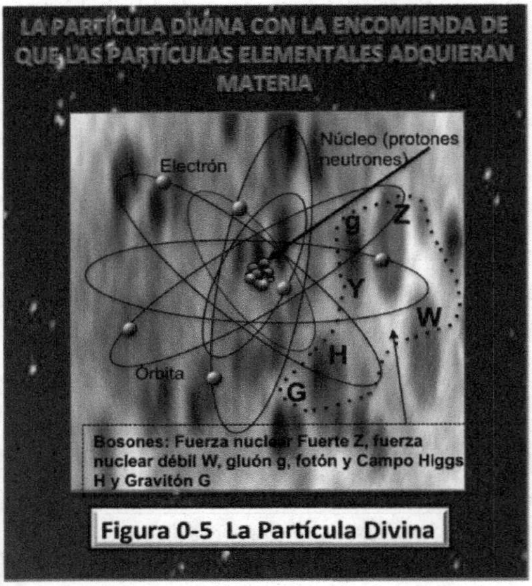

Figura 0-5 La Partícula Divina

Aquí solo se recapitula este profundo asunto, declarando haber resuelto el acertijo, del libro de "La partícula divina", de Leon Lederman, cuya portada es adornada, como se señaló antes, con un cuestionamiento:

Si el universo es la respuesta, ¿cuál es la pregunta?"

Interpretada y solucionada como:

"¿De qué "poder Divino" se ha dotado al Universo para que en él se transforme su energía en masa?".

"Del campo Higgs, que tiene asociado la Partícula Divina, o de Dios"; ¡naturalmente!

El científico ubicó como el "Babel material" al Superconductor Super Collider (SSC), también apodado Desertron, un poderosísimo acelerador de partículas, que suspendió su construcción en 1993 (iniciada en Waxahachie, Texas) por problemas presupuestales.

En lugar del SSC, la Organización Europea para la Investigación Nuclear, CERN, edificó el LHC, que es un portento tecnológico, la mayor máquina construida, enfocada al conocimiento exhaustivo de la energía y la materia, reproduciendo los sucesos del "universo bebe". La TBC representa la soberbia erudita del ser humano, que, afortunadamente para la ciencia, no le satisface modelar matemáticamente de manera completa el universo primigenio o temprano; ¡no qué va!, lo observará con el telescopio James Webb, JW, y lo recreará con el acelerador de partículas, LHC, con el firme propósito planteado con la frase siguiente: *¡qué no queden "cabos sueltos"; todo se debe observar y recrear!*

0.7 Materia bariónica

El Universo está formado por materia bariónica u ordinaria y materia oscura. A la primera la edifican las partículas elementales o fermiones, siendo responsables los bosones y los gluones de suplir la fuerza de la unión, indispensable para el apareamiento, el pegamento, por decirlo coloquialmente. Los bosones, los gluones y la Partícula Divina, que se trata adelante, no tienen masa.

Juega un papel fundamental el campo Higgs, que, por estar dotado de la Partícula Divina, o de Dios, factibiliza que las demás adquieran su masa, proceso que se dispara antes de que las partículas elementales se junten, para edificar protones y neutrones, que a la vez se reunirán para formar los núcleos de los átomos, liberando el proceso electrones y neutrinos; orbitando los primeros esos nucleones, en ciertos niveles de energía. Así se elaboran los átomos más ligeros, los del hidrógeno, con el que se produce helio. Esos dos elementos son básicos para el subsecuente florecimiento de otros más pesados; son "los adobes" para erigir lo grande, los cuerpos del macrocosmos, a partir de las distintas sustancias.

La palabra adobes, la aprovechamos en sentido figurado para referir a esas dos estructuras atómicas más ligeras, el hidrógeno y el helio, a partir de las cuales se edifican los otros átomos. Esos "adobes" forman regiones vaporosas, que se precipitan formando las protoestrellas, que madurarán en las estrellas, astros que emplearán aquellos dos elementos ligeros, para formar los otros más pesados, hasta el hierro.

La producción de elementos más pesados, como el litio, boro, carbono, oxígeno y otros hasta llegar al hierro, número 26 de 118 de la Tabla Periódica, es entonces una tarea de las estrellas, vía su poderosa fusión nuclear. A grandes rasgos, lo anterior describe la creación de la materia que ha tenido lugar en la historia del tiempo, en un proceso continuo que seguirá hasta la culminación del Universo. La Figura 0-6 es un marco conceptual del microcosmos, recomendando al lector ir a los medios de difusión, que explican con amplitud el tema.

La materia bariónica se detecta directamente y/o es visible y su proporción en el cosmos es del 4%, formando todos los cuerpos celestes. La materia oscura, es detectable de forma indirecta y representa el 24% del Universo, estando ubicada en la periferia de las galaxias, siendo un misterio que la forma y como se crea. Lo que falta para 100%, lo completa la energía oscura, que representa el 72%.

Abundemos un poco más expresando que la materia bariónica se forma por los fermiones, cuyas partículas elementales son los quarks y los leptones (electrones y neutrinos). Los quarks edifican a los bariones, representados por protones y neutrones. Los quarks son de "diversos sabores y colores", siendo

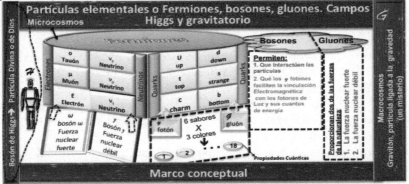

Figura 0-6 Materia bariónica y sus partículas elementales: fermiones, bosones, gluones y el campo Higgs

solo propiedades o estados cuánticos, no teniendo relación con el significado de sus calificativos. Como se aprecia en la Figura 0-6, hay 6 sabores, que adoptan uno de tres colores, implicando 18 quarks. Lo del sabor se debe a los científicos Murray Gell-Mann y Harald Fritzch que acuñaron la palabrita, al pasar por una de las tiendas de helados Baskin Robbins, donde vieron el cartel "31 flavors", un eslogan de la conocida franquicia. El color implica un estado cuántico y no tiene relación con los que se perciben.

Algunas definiciones importantes:

> Hadrón. Partícula formada por varios quarks.
> Barión. Partícula formada por tres quarks, que edifican los núcleos de los átomos. Dependiendo de la combinación up y down se define al protón y al neutrón.

0.8 Materia y Antimateria

En física la materia es todo lo que ocupa un lugar en el espacio, posee energía y está sujeta a transformaciones en el tiempo. En cambio, la antimateria es aquella conformada por antipartículas. Cuánticamente, por cada partícula elemental hay una antipartícula. Por ejemplo, el positrón, de carga positiva, es la antimateria del electrón y tienen igual masa. La antimateria de protón es el antiprotón, con carga negativa y así para las otras. La materia ordinaria o bariónica es estable, la antimateria inestable; las antipartículas creadas "se desintegran en un santiamén" y durante la génesis la materia dominó a la antimateria, razón por la que los terrestres y todo lo que los rodea es materia y no antimateria.

Capítulo 1: De la génesis al cosmos de hoy

1.0 Preámbulo

Hablar del cosmos implica referir que el **espacio-tiempo** gobierna entero cuanto existe, empezando por las leyes, constantes de la naturaleza y campos o fuerzas de esta. Rige ambas energías, la común y la oscura, sin omitir la luz y otras manifestaciones electromagnéticas. No quedan fuera los dos tipos de materias, la bariónica que conocemos y la oscura, que se detecta de forma indirecta, las galaxias, con sus agujeros negros, estrellas, planetas, satélites y demás cuerpos celestes; íntegramente todo pertenece al dominio del espacio-tiempo, con sus cuatro dimensiones.

Tener en mente que la teoría de la relatividad general de Einstein dicta que el espacio y el tiempo forman una pareja indivisible, no siendo el primero plano, al curvarse por la fuerza de gravedad de los astros encimados y que el segundo es relativo, al depender de la cantidad de masa y la velocidad con la que se muevan los cuerpos. También, cuando citemos al Universo generalmente usaremos el posesivo, realzando que existen otros más en el **"Multiverso"**, un término empleado para definir el conjunto de cosmos, que hipotéticamente existen, con plausibles desemejanzas y apego a otras leyes y constantes físicas de su particular naturaleza.

Las evidencias científicas apuntan que la génesis de nuestro Universo es muy arcana, según el tiempo terrestre, al acontecer hace unos 13 mil ochocientos millones de años; no obstante, ese evento germinador es motivante de un cúmulo de interrogantes, que la ciencia no ha podido esclarecer, destacando la imposibilidad de modelar el Universo en el tiempo cero, pues las leyes físicas, con su teoría relativista, para ese instante resultan estériles. El **Big Bang** es el suceso iniciador de la historia del tiempo[1], resultando la teoría más aceptada del comienzo.

Son muchas las interrogantes, entre otras destacan: ¿qué había antes de ese suceso progenitor? y ¿por qué los terrícolas y todo lo que los rodea son materia y no antimateria?. Son, muchísimas las dudas, algunas resueltas, pero otras se dejan en el tintero o simplemente se delegan al dominio de Dios, que los creacionistas y la Teología conceptúan como el hacedor del universo y todo cuanto en el exista.

[1Sthephen Hawking, Historia del Tiempo, Amazon, Kindle]

La Teología es la disciplina que estudia la naturaleza de **Dios**, así como del conocimiento humano sobre asuntos místicos, surgiendo las interrogantes frecuentes: ¿en qué usaba esa **Divinidad** su tiempo antes de la emanación universal?[1] y ¿por qué y cómo le heredó al cosmos las leyes y constantes de la naturaleza que lo rigen? Las preguntas no tienen solución y sobre la primera, parece un mito que San Agustín, cuando alguien le interpeló el asunto haya dicho[1]:

"el Señor estaba ocupado preparando el infierno para las personas que preguntan qué hacía el Altísimo antes de la creación"

Publicaciones en diversos medios de difusión citan que Stephen Hawking, en una entrevista, con Neil deGrasse Tyson, para un programa de televisión, declaró que "antes del Big Bang lo que existió era ¡la nada! y no pudo tener que ver con lo que ocurrió después". Los medios también difunden lo que el físico sentenció sobre el asunto: "Es como llegar al Polo Sur de la Tierra, una vez allí, ya no se puede seguir más al sur. No hay nada más al sur del Polo Sur, así que tampoco había algo antes del Big Bang", previo **¡no hubo tiempo ni espacio!**

Pero, si fue así, ¿cómo se agenció nuestro Universo de su espacio, materia y energía?, sin ignorar que la materia y la energía operan unidas, al conducir una a la otra. Propondremos, que de acuerdo a teoría de la Cosmología Cíclica Conforme[1] (CCC) nuestro Universo viene de otro progenitor. No solo la génesis provoca incertidumbre, hay infinidad de investigaciones científicas, vinculatorias con lo que pasó, acontece y sucederá en nuestro Universo. Por ejemplo, al ser un cosmos en expansión acelerada, ganando espacio, se busca con tesón poder responder las siguientes dos preguntas:

❖ ¿el proceso seguirá por siempre?
❖ sí eventualmente termina ese ensanche separador de galaxias, ¿habrá un final y cómo será la culminación?

Hay muchos más enigmas, algunos catalogados hoy día de ciencia ficción, al vincular, por ejemplo, viajar en el tiempo, implicando tener el poder de controlar a discreción esta variable, lo que implicaría descubrir cómo desdoblar los bucles del espacio-tiempo, o qué los agujeros de gusano sean el medio; ¡wow! Pensar en viajar en el tiempo permite comprender el sentido de la ingeniosa pregunta que planteó Carl Sagan, en un libro de Stephen Hawking[1] como sigue: ¿por qué se recuerda el pasado y el futuro no?

[[1]Stephen W. Hawking, La Historia del Tiempo, Amazon, Kindle]

En este Capítulo 1 aparecerá en escena un personaje imaginario bautizado como Caos, para emprender una caminata cósmica a través de la historia del tiempo, que inicia desde el mismísimo momento de la génesis, el Big Bang. Caos hará una excursión, subiéndose en lo que nominamos "el Dedal del

Tiempo", rebobinando la película "Historia del Tiempo", desde la situación actual, hasta el momento preciso de la creación.

Regresar el filme, permitirá discernir, en parte, lo que pasó después del Big Bang, porqué antes y durante ese suceso, es por ahora imposible su incursión, como se indicó. La caminata a través del Dedal del Tiempo facilita dialogar sobre la esencia de la evolución del cosmos. Pero, el regreso de la cinta acabará en una "¡repentina parada del tiempo!", éste se detendrá y ya ¡no habrá más tiempo!, como se explaya arriba.

Una visión del mismo Hawking refiere lo que había en el Big Bang. Él propuso que ese universo estaba contenido en un espacio mínimo, una especie de "nuez", la cual mantenía confinado todo. Sí ese fuese el universo del tiempo cero, podemos imaginar que: "dentro de la cáscara estarían unidas todas las fuerzas de interacción de la naturaleza y la corteza del fruto representaría todo lo demás; así que, la materia y la energía estaban concentradas en un espacio extremadamente pequeño, que no pudo perdurar al tornarse inestable, generándose el Big Bang". No olvidar que la materia bariónica u ordinaria y la energía común, no la oscura, son inherentes, una conduce a la otra, así que en el momento de la creación pudieron no hacer acto de presencia los integrantes de esa materia común.

Sobre la historia del tiempo del Universo, el multicitado Stephen Hawking hizo una analogía con lo que sucede en la Tierra, suponiendo que un tiempo real y otro imaginario convergen en el Polo Sur, que es un punto liso del espacio-tiempo, donde se cumplen las leyes de la física. O sea, al imaginar un viaje del Polo Norte al Polo Sur, sentenció que:

"No hay nada al sur del Polo Sur"

Figura 1-0 Tierra tercero del Sistema Solar

La Figura 1-0, muestra a la Tierra, portando el pensamiento del Cosmólogo, dejando claro que no puede haber más sur abajo de ese punto, como "**no hubo nada antes del Big Bang**", lo que respalda que como el tiempo surgió con el *Big Bang*, parecería absurdo preguntar qué había "antes" de que el tiempo existiera‡.

No obstante, si traemos a la mente la famosa frase, que se atribuye a Galileo Galilei, "Eppur si muove (y sin embargo se mueve)" se puede contravenir esa idea y no mandar "al trash" la cuestión ¿y antes del Big Bang qué hubo?, respondiendo: ¡**un universo progenitor**!

Los cosmólogos y físicos, apegados a descifrar la historia del tiempo, han propuesto que antes del Big Bang lo que había era "**la nada**". Pero, este

---

‡En un programa televisivo Hawking explica a Neil deGress que antes del Bing Bang no había nada, ni siquiera condiciones iniciales; en ese programa concretó su pensamiento con la frase: "no hay nada al sur del polo sur", la explicación completa está en varios videos en la internet tal como https://nmas1.org/news/2018/03/05/hawking-bigbang-degrasse

Libro cuestiona: ¿si había "**la nada**", "como demonios" engulló **nuestro Universo** su espacio y energía?, como se externó arriba. La respuesta factible es que el naciente se engendró de un "**Universo Padre**", ascendiente del nuestro.

El **Universo Padre** fue la nuez, que había alcanzado su estado de máximo apretujamiento, hasta volverse inestable. Esta conjetura (del primer autor del presente trabajo) toma sentido en un artículo de Javier Monserrat[1].

[1]Javier Monserrat, " Hawking y la cosmología de los multiversos"; Pensamiento: Revista de investigación e Información filosófica, ISSN 0031-4749, ISSN-e 2386-5822, Vol. 67, N° 254, 2011 ,pp1133-1145]

Monserrat, establece que Stephen Hawking, junto con Roger Penrose (Premio Nobel 2020) físicos teóricos de calidad incuestionable, a partir de la teoría de la relatividad, mostraron como el universo relativista debe derivar de una singularidad o estado inicial, que incumple las leyes de la física y la realidad se escaparía, por decirlo así, al espacio-tiempo.

Aun cuando los fundamentos de la teoría llamada "Cosmológica Cíclica Conforme", CCC, de Penrose, son extensos y quedan fuera de nuestro alcance, se puede citar que el prominente científico la propone exponiendo algo similar a: "el presente eón empieza con el Big Bang de nuestro Universo y se extiende hasta su fin, por lo que el universo en conjunto puede verse como una variedad conforme extendida que consiste en una sucesión de eones posiblemente infinita, cada uno de los cuales parece ser una historia entera de un universo en expansión"[1].

[1]Roger Penrose, Los Ciclos del Tiempo, Amazon, Kindle]

El trabajo citado explica que "el científico, emitió un modelo matemático de una historia sin fin del universo, que sería como un sistema oscilante entre estados de singularidad que derivarían a un **Big Bang** que generaría un tiempo de expansión, hasta llegar a estados de colapso gravitatorio que, a través de una línea del tiempo inversa, llevarían a un **Big Crunch** que adentraría al cosmos en otra *singularidad*, germinadora a su vez de un nuevo **Big Bang**, ¡y así eternamente!".

1.1 Tic Cosmológico Terrícola

La Longevidad de nuestro Universo o LdnU, es un eón que el humano percibe como "una eternidad", entendiéndose ésta como perpetuidad sin principio ni fin, sensación que interpretada con pragmatismo es errónea, sí se sigue el axioma de que todo inicio tiene terminación; y, además, el comienzo sí tuvo una creación y fue "la génesis", de hace 13,800 millones de años ó 0.436 trillones de segundos, cifras que pertenecen a los grandes números (1 año son 365.256363004 días solares medios).

No obstante, sí se aceptara el dogma místico de la creación, significaría que nuestro Universo viene de "la nada" y culminaría en "la nada", lo cual es imposible al violarse una ley universal que dicta que "nada se crea ni se destruye, todo se transforma". Remarquemos que la teoría Cosmológica Cíclica Conforme, de Roger Penrose, establece que la historia del tiempo responde muy posiblemente a lo que nosotros nominamos: <u>**"Sistema Cosmológico Cíclico Cerrado"**</u> de estados de <u>creación-evolución-muerte-creación</u> (ver Figura 1-1).

El <u>**Tic** Cosmológico Terrícola, **TCT,** es un concepto que nuestra obra define como la rebanada de la Longevidad de nuestro Universo,</u> ofrendada al terrícola para su travesía cósmica; es decir, la porción de la historia del tiempo que él disfruta para su maravilloso viaje de vida por el Universo.

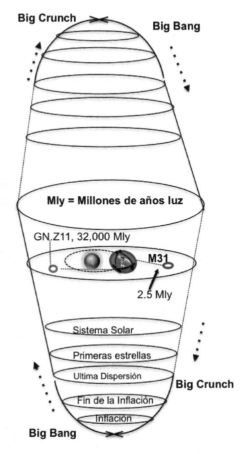

Figura 1-1 Sistema Cosmológico Cíclico Cerrado (SCCC)

El TCT lo valoramos con base en la esperanza de vida humana, que ronda los 75 años o 2,366.769 millones de segundos, significando que esa "tajadita de tiempo", sale del cociente siguiente:

$$\frac{2366.769 \times 10^6}{0.436 \times 10^{18}} = 0.00000054\% = 0.54 \, \mu \,\%, \, (siendo \, \mu = 10^{-6})$$

En conclusión, TCT es 0.00000054% de la longevidad de nuestro Universo, es decir 54 % cien millonésimas de LdnU o sea 13 mil 800 millones de años. El TCT es un número ínfimo que no cambiará sensiblemente, pues la esperanza de vida de los humanos no crecerá sensiblemente, en éste o el siguiente siglo y menos sí el Calentamiento Global, u otra catástrofe extermina antes la vida en la Tierra.

1.2 Entropía

El concepto de entropía se define de varias maneras:

> De acuerdo con la aleatoriedad de un sistema: en este caso, se dice que un sistema altamente distribuido al azar tiene alta entropía. Un sistema en una condición improbable tendrá una tendencia natural a reorganizarse a una condición más probable (similar a una distribución al azar), reorganización que dará como resultado un aumento de la entropía. Por ejemplo, en el caso de la Figura 1-2, los jugadores de partidas de dados no sesgados (con 6 números) pronto se darán cuenta que jugar al 7 es la

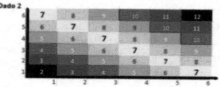

Figura 1-2 Partida de dados no sesgados

> mejor opción, y el sistema rápidamente llegará al equilibrio cuando todos los jugadores (incluso la casa) juegan "al 7", el sistema tendrá una entropía muy alta pues los jugadores rápidamente se reorganizarán buscando dicha jugada.

> La entropía alcanzará un máximo cuando el sistema se acerque al equilibrio, y se alcanzará la configuración de mayor probabilidad.

La evolución de un sistema físico de partículas, como se puede concebir al universo, se relaciona directamente con la termodinámica, la cual puede ser estudiada de muchas maneras. Una de ellas, es mediante análisis físico empírico, es decir observando el sistema y tomando estadísticas de las variables de interés del sistema; son dos elementos que se toman en cuenta en ese tipo de análisis: la energía por un lado y, por el otro, nuestra "amiga" la entropía. La primera se puede definir como aquello que puede provocar un cambio de estado, y la entropía como se definiría. Veremos esto un poco más adelante.

Los procesos se pueden clasificar de muchas maneras, pero una de ellas es: procesos reversibles y procesos irreversibles. Suponga que se tienen dos objetos en un sistema y que están en contacto uno con el otro: uno está en un estado muy caliente; el otro muy frío. Al cabo de cierto tiempo, el cuerpo muy caliente empezará a pasar a un estado menos caliente e incluso llegar al estado templado; por su parte el objeto muy frío podrá pasar al estado menos frío hasta llegar a templado. Si ahora tomamos los dos objetos (ahora ambos en estado templado) y los ponemos otra vez en contacto, ¿volverán estos objetos a su estado original muy frío y muy caliente? La respuesta es obviamente no, y por tanto el proceso es irreversible. Si pensamos ahora en nuestro universo, en el estado original en sus "primeros instantes de vida" y el estado actual que podemos definir como expansión; surge, la pregunta: ¿el proceso de evolución del universo es reversible? La entropía es a su vez un concepto y una variable que puede ayudar a entender dicha evolución.

La entropía se puede entender matemáticamente, para un caso infinitamente irreversible, como el de los objetos frio y caliente; la diferencial de entropía es:

$$dS = \frac{dQ}{T} \quad (2)$$

donde: dS=diferencial de la entropía; dQ= diferencial de calor intercambiado; T= la temperatura del objeto.

Es decir, la diferencial de entropía es inversamente proporcional a la temperatura y directamente proporcional al intercambio de calor producido. Existen otras formulaciones sobre la entropía que no se tratan en este libro[1,2].

En una entrevista[3] sobre el área y la <u>Segunda Ley de Termodinámica</u> establecida por Boltzmann, habló Julieta Fierro Gossman, del Instituto de Astronomía de la UNAM, quien comentó sobre la imposibilidad de definir el tiempo, aunque sí sabemos contarlo, justificando porqué el aumento del desorden hace que se distingan el presente del pasado, que no podría notarse sino se producen cambios. La Primera Ley de la Termodinámica es una igualdad, al regir la Conservación de la Energía. En cambio, la segunda es una desigualdad, que establece la entropía, de un sistema aislado, que no intercambia con otro ni masa ni energía (como pasa en nuestro Universo) es una medida del desorden o aleatoriedad del sistema[4].

Dada la importancia de la entropía, presentamos parte del pensamiento de Ilya Prigogine[5] premio nobel 1977, en relación con la génesis, evolución del universo y su relación con la entropía:

- El origen y evolución del universo es irreversible, por lo que su materia lleva consigo el signo de la flecha del tiempo.
- Fenómenos de estabilidad están presentes en nuestro universo. Si no hubiese estabilidad, no podrían existir estructuras estables, como las biológicas. En consecuencia, la irreversibilidad es un factor muy relevante al origen y fenómenos de nuestro universo.
- En consecuencia, ya no deberíamos pensar, como Einstein, que el tiempo irreversible es una ilusión.

[[1]Formulación de Gibbs para un conjunto de partículas: $S = -K_b \sum_{i=1}^{N} p_i log(p_i)$
[2]Formulación de Boltzmann (Asociada a la segunda ley de la termodinámica).
 S=k_b ln Ω; K_b : constante de Boltzmann; pi: probabilidad asociada a la partícula i; Ω: número de macro estados o configuraciones de las partículas;
[3]https://youtu.be/k-6oLKmBkJ0;
[4]Roger Penrose, Los Ciclos del Tiempo, Amazon, Kindle;
[5]Ily Prigogine, el principio del tiempo, Amazon, Kindle]

Debido a lo anterior, coincidimos que el cambio de entropía de cualquier sistema debe estudiarse considerando sus efectos irreversibles. Por lo tanto, a menor densidad de un sistema, incluyendo la del universo, mayor entropía. Además, como se ha planteado, en general, la entropía se liga con la falta de orden, aplicando el axioma: *"a mayor entropía más desorden"*. Es decir, el sistema es menos homogéneo, hay más movimiento de objetos, menos densidad de energía. Lo anterior está muy bien, solo que es menester asimilar el concepto en el dominio de la energía, insistiendo que referir a ésta se involucra la materia, pues una conduce a la otra.

La **densidad de energía** se entiende mejor con un ejercicio mental, empleando dos sucesos cotidianos, Figura 1-3. Sí una dama de 70 Kg calza zapatillas con tacones muy alzados, concentra su peso en una o dos áreas muy chicas, con una densidad de energía alta en cada una, pudiendo causar la fractura del hallux (o dedo gordo del pie) o cualquier otro, lo que difícilmente pasaría si viste zapatos planos, pues la energía se dispersaría más. Otro ejemplo de densidad de energía elevada es el tornado, causante de gran

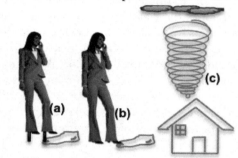

Figura 1-3 Densidad de la Energía

destrucción, respecto a una tormenta que trasporta más energía, pero distribuida en más volumen; o sea, la densidad de energía es diminuta, respecto al tornado que es sublime[1].

[[1]Windows to the universe, https://windows2universe.org/earth/Atmosphere/tornado.html]

Siendo la entropía una medida de dispersión de la energía, se puede interpretar que entre más juntas están las moléculas tienen menos libertad de movimiento y menor entropía.

En un cuerpo sólido las moléculas tienen muy poco espacio para moverse, hay más orden; en cambio, en un gas las moléculas están muy separadas por lo que se facilita que haya mucho movimiento, yendo "de aquí para allá", experimentando colisiones, gran desorden, su entropía adquiere un valor alto. Hay un precepto para guardar en mente:

¡**la entropía del Universo aumenta y aumentará por siempre**!

Para justificar el aforismo se diseñó la Figura 1-4, con la idea de ilustrar que después del Big Bang la temperatura era elevadísima y el Todo estaba contenido en un espacio ínfimo, tal vez como una bola de tenis de mesa o ping pong, misma que creció exponencialmente: de bola de tenis a balón de baloncesto y así sucesivamente. Esos volúmenes confinaron todo: las fuerzas o campos de la naturaleza, energías y los componentes elementales de las materias, para su posterior edificación. La dispersión de energía en la "pelotita" era relativamente pequeña y la entropía baja (dependiente de un factor del orden de 10^{88}) comparada con la actual.

Lo que pasó en el Big Bang es que la energía oscura provocó un tremendo impulso al espacio, siendo este cada vez más amplio, respondiendo la temperatura a la baja, siguiendo el proceso evolutivo de distintas eras cosmológicas, en las que se edificaron las partículas, luego el hidrógeno y helio, las estrellas, galaxias, desembocando en el cosmos que hoy día se percibe tan uniforme, con distancias enormes entre astros. Así, la **densidad de energía** es más baja, respecto aquella del **Big Bang**, pues los cuerpos están muy dispersos, hay más libertad de movimiento, más desorden, el valor de la entropía ahora es mucho mayor que hace 13,800 millones de años. Después de la información anterior, una pregunta obligada es la siguiente:

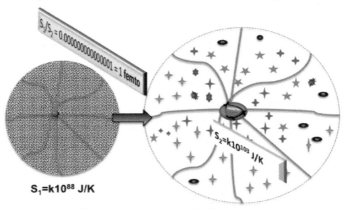

Figura 1-4 Entropía después del Big Bang y actual

¿Y cuánto ha crecido esa famosa entropía?

Para dar la respuesta, primero se requiere definir la constante física de Boltzmann, representada como k, que relaciona temperatura absoluta (K) y energía (J). Su valor es un número fijo sin incertidumbre, preciso, muy pequeñito, pues sus cifras significativas aparecen después de 22 ceros:
$$k = 1.380649 \times 10^{-23} = 0.00000000000000000000001380649 \text{ J/K}$$

Con, respecto a la respuesta a esa gran duda, Taringa[1] publica un artículo sobre cómo estaba la entropía del Universo en el Big Bang". Ahí se encuentra la explicación de los valores de S buscados, recordando que k es la constante de Boltzmann:

$$S_{BigBang} = k10^{88} = (1.380649 \times 10^{-23})(10^{88}) = 1.380649 \times 10^{65} \text{ J/K}$$
$$S_{Actual} = k10^{103} = (1.380649 \times 10^{-23})(10^{103}) = 1.380649 \times 10^{80} \text{ J/K}$$

[1Preguntale a Ethan: https://www.taringa.net/+ciencia_educacion/la-entropia-en-el-big-bang-una-explosion-ordenada_v3g5d]

Cuadro con Algunos pequeños números		
$10^{-3} = 0.001$	Mili-	m
10^{-6}	Micro-	μ
10^{-9}	Nano-	η
10^{-12}	Pico-	p
10^{-15}	Femto-	f

Tabla 1-1 De las Milésimas al **Femto**

La comparación de esos valores (ver Tabla 1-1), permite concluir cuanto se ha incrementado, en 13,800 millones de años, la entropía S_{Actual} del cosmos; o sea:

$S_{Actual} / S_{BigBang} = \underline{10^{15} = 1,000}$
<u>billones de veces mayor</u>,
o visto de otra forma,
$S_{BigBang}$ era 10^{-15}
$= 0.000000000000001 =$
1 **femto** veces menor que la S_{Actual}

1.3 Travesía cósmica a través del Dedal del Tiempo

Caos iniciará su travesía cósmica por Dedal del Tiempo. La Figura 1-5, "Nuestro Universo. El Dedal del Tiempo", representa la historia del tiempo, desde el mismísimo **Big Bang**, que aconteció en el tiempo cero, hasta el momento actual, habiendo transcurrido, desde ese instante creador, 13 mil 800 millones de años. Se sabe que hay cuatro dimensiones: tres espaciales y el tiempo. En la Figura 1-5, la esquematización de la historia del tiempo es con: largo, ancho y, desde luego,

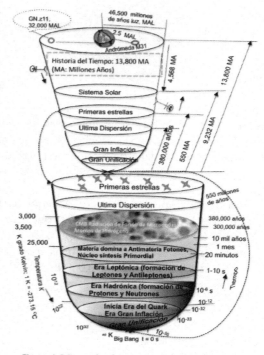

Figura 1-5 Travesía cósmica por "el Dedal del Tiempo"

el tiempo, faltando, la profundidad. En la cúpula, la Tierra, como cualquier otro punto, puede catalogarse como el centro del cosmos, respecto a lo observable y detectable, aceptando que falta muchísimo espacio por descubrir (su tamaño es indeterminado) Sobre ¿cuál es el punto medio del Universo? es algo sin respuesta, ¡es inviable descifrarlo!

1.3.1 En la cima del dedal del tiempo. Primera parada

Como se señaló, las distancias entre cuerpos celestes son gigantescas. Como una referencia, se puede decir que la tierra se separa de la galaxia Andrómeda (M31) 2.5 **Mal**[§], constelación representada en la Figura 1-6, pudiéndose ubicar en los meses de septiembre y octubre en el en el cielo oriental del hemisferio norte, apreciando el reflejo que destelló hace 2.5 millones de años, que es lo que tardó la luz en llegar a la Tierra.

Figura 1-6 Andrómeda sobre el hemisferio norte durante septiembre-octubre

La ilustración exhibe una fotografía de un paisaje alaskeño. No pasarán muchos años en que esa panorámica sea corrompida por el cambio climático, que avanza con rapidez, derruyendo la belleza del planeta, ocasionándole tan severa devastación a los ecosistemas que la subsistencia de las especies, incluyendo la del hombre, es cada vez más difícil. Al sentenciar que esa amenaza "arrasará con todo", se lanza una "Profecía Autocumplida" o "Efecto Pigmaleón", que se haría realidad, si no se limita la elevación promedio de temperatura, habiéndose fijado como meta del siglo 1.5 °C, controlando así el Calentamiento Global, que ha ocasionado la quema de combustibles fósiles y la desforestación.

Al observar otra vez la Figura 1-5 se constata que la parte observable de **nuestro Universo**, desde la tierra, abarca un diámetro de 93 mil millones de años luz. Caos se planta en un pseudo borde del universo, para iniciar la travesía, con la encomienda de rebobinar el filme "**From Big Bang to Present**". Para la cima, la historia del tiempo marca 13 mil 800 Mal o 0.436×10^{18} s (0.436 trillones de segundos) faltando 14.7 % para llegarle al medio trillón como 2,042 millones de años más. El Sol, fuente primordial de luz energía y calor, tiene una temperatura en la superficie que ronda los 5,800 K, cuenta con un diámetro de 1,391,016 ≈ .4 millones de Km y se separa de la Tierra unos 150 millones de Km. El Astro forma parte de la Vía Láctea y fue creado después de 9 mil 232 millones de años, restándole menos de 5 Mal de vida. Observemos la Figura 1-7, que representa esa galaxia en forma de espiral. de años, restándole menos de 5 il millones de años de vida. Observemos la Figura 1-7, que representa esa galaxia en forma de espiral.

Desde la tierra, se observan y/o detectan parte de las galaxias y cuerpos

---

[§] **Mal**=Millones de años luz

celestes, en un radio de 46 mil 500 millones de años luz. Además, nuestro Universo agrega siempre más y más espacio, pues se mantiene en una expansión acelerada, "echando por la borda" la idea que el fenómeno ocurría por el impulso del Big Bang y que la rapidez decaería, pero no fue así. La expansión acelerada, se debe a que todas las galaxias y cuerpos celestes son empujados por una <u>fuerza repulsiva</u>, descubierta

Figura 1-7 Vía Láctea. La Galaxia en espiral contiene entre 200 mil y 400 mil millones (o 200 y 400 billones en lo costumbre americano) de estrellas, según William Keil

en 1998, bautizada como **energía oscura**, la que domina la atracción de la gravedad.

Una conclusión es que nuestro Universo se está expandiendo en forma acelerada y que de no existir ese crecimiento continuo todo se juntaría en un punto, final que se daría si el cosmos solo estuviera compuesto de galaxias, agujeros negros, estrellas, planetas y demás cuerpos, que se edifican con la materia bariónica, representando el <u>4%</u> del mismo. No se ha revelado que produce esa energía oscura, pero seguro está allí, no hay duda y en un <u>72%</u>. ¡Ah!, lo que falta para el 100%, es decir <u>24%</u>, a eso se conoce como materia oscura, que solo puede detectarse en forma indirecta.

Figura 1-8 Sagitario A' (A Estrella) con su agujero Negro

Los agujeros negros, son componentes del cosmos que todo lo que se acerca a su tremendo poder gravitatorio lo engullen, no dejan salir ni la luz, solo escapa una radiación, causa de su eventual culminación. A la mitad de la Vía Láctea está uno inmenso, es un **agujero negro supermasivo**[1]. En esa publicación de Krongold, se explica que en el centro de nuestra galaxia hay la fuente de radiofrecuencia energética, la Sagitario A*, o Sagitario Estrella, con un agujero negro supermasivo, distante unos 26 mil años luz de la Tierra, Figura1-8. Sobre cuantas estrellas hay en la Vía Láctea[2], William Keel ha calculado 400 mil millones, admitiendo un posible error hasta del 50% y por eso algunos datos en los medios de difusión arrojan entre 200 mil y 400 mil millones (o entre 200 y 400 billones, si viene del inglés) De cualquier modo, son demasiadas hasta para imaginarlas.

[[1]Krongold, Yair. Los agujeros negros supermasivos y las galaxias, Revista Digital Universitaria, jun 2011, https://www.revista.unam.mx/vol.12/num6/art60/art60.pdf, Consultada: 2/08/2022, ISSN: 1607-6079; [2]William C. Keel, The Road to Galaxy Formation, Editorial Springer – Praxis Books and Planetary Sciences, ISBN: 978-3-540-72534-3]

1.3.2 En la sima del dedal. Segunda Parada

Caos sabe que es imposible ir debajo de la sima, pasarse sería ir de regreso, pues <u>el tiempo inicia ahí</u>; así que, cuidando ese detalle, se planta en el lugar preciso. El protagonista escudriña la panorámica, no percibe cambio alguno, instante tras instante, todo es homogéneo, **oscuridad total**, lo que hay es ¡la **nada**! y ningún argumento desacredita la premisa: "las leyes naturales de la física" no existen:

¡sin tiempo, no hay sistema referencial espacio-tiempo!

Antes citamos la respuesta de Stephen Hawking a la pregunta: "y que había antes del **Big Bang**": "**la nada**". Pero, "¡momento!", si hubo algo, un **universo padre**, confinado en una especie de nuez diminuta estuvo en letargo, esperando engendrar **nuestro Universo**. Fue una singularidad que al

Entrada (**Iones**)

Subestación

En el Gran Colisionador de Hadrones (LHC), millones de partículas chocan entre sí; su objetivo es esclarecer qué pasó justo después del Big Bang

Figura 1-9 El LHC uno de los proyectos más ambiciosos de la historia

colapsar dio paso al **Big Bang**, un evento que no provocó explosión ni estruendo, al ser una designación peyorativa, una especie de "mofa", del detractor de la teoría, el astrofísico Fred Hoyle.

Los dogmas eclesiásticos sostienen la creación fue ¿una acción Divina?, <u>Dios es el hacedor de los universos, es un principio teológico</u>; no obstante, la ciencia desecha ese origen, diciendo que la Mano Divina no fue requerida en ese evento. En el **Big Bang** la temperatura adoptó un valor altísimo, como 10^{69} K, 1 con 69 ceros por delante y en un santiamén se generaron varias etapas o eras, algunas de ínfima duración. Dentro de estas etapas o eras se pueden citar:

- Gran Unificación,
- Era de Planck,
- Gran Inflación,
- Ultima Dispersión.

La Figura 1-5, ostenta esas eras, señalando tiempos y temperaturas. En el instante 10^{-43} s (el número uno, seguido por 42 ceros atrás y un punto, s) rondaría los 10^{32} K (un uno y 32 ceros, grados Kelvin) temperatura que se abatió raudamente, al ampliársele de forma exponencial el espacio, a aquella supuesta nuez diminuta, que apretujaba el todo, pues antes del Big Bang ese fruto rondaba los 10^{-35} m, un 1 con 34 ceros atrás y un punto, según la información en los medios de difusión.

1.3.3 Universo Temprano Líquido

Existen muchas evidencias de que el Universo nació en un estado líquido, "era un plasma, un fluido perfecto, conformando una sopa cuántica de quarks y gluones", señala Gerardo Herrera Corral, en su presentación "Universo, La historia más grande jamás contada", estableciendo que uno de los grandes momentos ocurrió 1 μs después del Big Bang, cuando la temperatura era 10^{12} K, un billón de grados Kelvin. Los quarks son las partículas elementales que al juntarse tres de ellas edifican los protones y neutrones y los gluones son el pegamento o fuerza nuclear para mantener esas partículas fuertemente unidas.

Con la Figura 1-9 se representa un Colisionador de Hadrones, una máquina con la que se pretenden recrear los primeros instantes del universo. Se observa una puerta de entrada de haces de iones pesados, usualmente plomo, que se aceleran a velocidades cercanas a la de la luz, para que ocurran choques entre ellos, disponiendo de diversos puntos de detección, cada uno diseñado de acuerdo con un objetivo de investigación.

Una descripción muy completa de este portento tecnológico se encuentra en el libro de Herrara Corral[1], que expone los logros de ese acelerador, en la búsqueda de recrear la materia primordial del universo, apuntando que fue un líquido 150 mil veces más caliente que el centro del Sol[2], temperatura que ronda los 15 millones de grados Kelvin.

[[1] G. Herrera, El Higgs, El universo líquido y el Gran Colisionador de Hadrones, Amazon, Kindle; [2]Como el núcleo solar está a 15.7 millones K, implica una temperatura de 2.3 billones de grados Kelvin]

Con lo anterior se puede concluir, que la materia bariónica primordial, era una sopa cuántica apretujada en un espacio tan solo del tamaño de una pelota de ping pong, que a "trancos acelerados" se hacía de más y más lugar, para facilitar el enfriamiento y dar cabida a los siguientes sucesos de la creación.

1.3.4 El espacio-tiempo marca su presencia

Una cuestión fundamental sobre la creación del universo es: ¿desde cuándo existe el espacio-tiempo? y sobre esa pregunta, Licia Verde, reconocida cosmóloga-física teórica italiana, explica que, ese sistema referencial, marcó su presencia un poquito después del Big Bang[1,2]. Nosotros podemos decir que de acuerdo con la literatura entre 0 y 10^{-43} segundos; ¿a cuánto equivale esa cantidad? pues digamos que si se considera una competencia de dos buscadores del rompimiento de marcas insólitas, sobre quien cierra más rápido sus ojos. Si el tiempo ganador se dividiera entre mil millones, resultaría un cociente varios millones de veces más grande. Se sabe que la duración promedio de un parpadeo es 0.1s, así que 0.1/1000 000 000 es igual a 0.0000000001, ¡solo 9 ceros atrás del 1, contra 42 ceros atrás de un uno!

Antes y durante el **Big Bang** las leyes de la física son inoperantes, no funcionan y el espacio-tiempo no existe, teniendo que esperar para usarlo una infinitésima fracción de segundo, un valor tan pequeño que tiende a cero. A partir de este instante, ya se puede invocar a la física y a las matemáticas para modelarlo. Después de esa pequeñísima fracción de segundo del **Big Bang** empezó el espacio-tiempo, explica Licia.

[[1]Licia Verde, ¿Desde cuándo existe el espacio-tiempo?
 https://elpais.com/ciencia/2020-08-19/desde-cuando-existe-el-espacio-tiempo.html
[2]David Valcin, et al, Inferring the Age of the Universe with Globular Clusters, Journal of Cosmology and Astroparticle Physics, 2020]

1.3.5 La era de Plank

En el referido trabajo de Licia Verde se describe un periodo de tiempo, pequeñísimo, de t = 0 a t = 10^{-43} s, no señalado en la Figura 1-5, que se conoce como la **era de Planck**. Entonces, 10^{-43} s es una marca en la historia del tiempo, que define ya el sistema de cuatro dimensiones **espacio-tiempo**. De allí en adelante, al existir ese sistema referencial, nuestro Universo se apega, por entero a todas las leyes de la física. Los modelos de Einstein, Planck y todos los principios de física son aplicativos, con la salvedad de las singularidades del cosmos que las invalidan, los agujeros negros. El tiempo de la **era de Planck** se determina por un cálculo matemático sofisticado.

Diversa información científica propone que nuestro Universo es "un cosmos bien afinado", lo cual se aceptará en principio, haciendo notar que el tema se aborda en un apartado adelante, proponiendo que este es un asunto de parametrización inflexible, pero de ninguna forma de sintonía de parámetros; no es factible ajustarlos. Además, según la Cosmología, las condiciones que permitieron la edificación de sus componentes y la vida misma requirieron que las **constantes de la naturaleza o fundamentales** adoptaran ciertos valores y tuvieron que ser esos ¡no podrían ser otros! **

*"Despeñándose en lo hipotético", como las leyes de la física, son aplicables desde la **era de Planck**, a partir de 10^{-43} s, podría aceptarse del tiempo cero a ese instante, como el margen de actuación de la "**Mano Divina de Dios**".*

1.3.6 Era la Gran Unificación

En el instante del **Big Bang** todas las fuerzas de interacción de la naturaleza estaban unidas, confinadas. Pero justo después de la era de Planck

---

** Para fijar las **constantes de la naturaleza**, de manera tal que todo cuanto existe fuese ¡tal como es!, incluyendo sus distintas formas de vida.

se presentó la **Gran Unificación**, que duró 10^{-36} s, fracción de tiempo de un 1 con 35 ceros atrás, que fue el momento cuando la gravedad se despegó del resto de fuerzas fundamentales del universo. Las otras, la nuclear fuerte, la nuclear débil y la electromagnética, seguían yuxtapuestas. La nominación dada, "la Gran Unificación", puede deberse a que concurren otras dos: la era inflacionaria y la era electrodébil, que implicó que la interacción nuclear fuerte se separara del resto de fuerzas[1].

[1 Alex Riveiro, Hacia las Estrellas, una breve guía del universo, Amazon, Kindle]

A pesar de que apenas había pasado un instante, se concibe al cosmos preparado para soportar el impotente impulso de la fuerza repulsiva de la **Energía Oscura** y a adoptar su veloz enfriamiento, para aceptar la ocurrencia de acontecimientos subsecuentes, desde la creación de partículas hasta el nacimiento de estrellas, formación de galaxias y de sus muchísimos cuerpos.

1.3.7 Eras la Gran Inflación y Quark

En el artículo de Licia Verde, que citamos anteriormente, y en otras fuentes de información, se señala que, en los primeros momentos del cosmos, se tienen fuertes indicios de que se produjo una expansión súper acelerada, una **Gran Inflación**, sobre la que "no se tiene todavía una teoría bien definida, pero sí suficientes evidencias para pensar que en ese intervalo el espacio se extendió muchísimo, tanto como para alcanzar el tamaño aproximado de una naranja", expone Licia, o un poco más grande, como un balón de baloncesto, según propusimos con la Figura 1-3.

La era fue entre 0 y 10^{-32} s, siendo 10^{-32} un punto seguido de 31 ceros y un 1 (0.00000000000000000000000000000001 s)

A partir de ese momento sí hay una descripción muy buena, de todo lo que le ha pasado al cosmos, en los 13 mil 800 millones de años que han pasado desde entonces.

En el libro "Hacia las Estrellas" de Álex Riveiro, se explica que a los 0.000000000001 segundos (10^{-12} s o 1 picosegundo), señalados en la multicitada Figura 1-5, las fuerzas de interacción fundamentales se separaron: gravedad, electromagnética, nuclear fuerte y nuclear débil. La era terminó en 10^{-6} segundos (1 microsegundos o 1 μs). El Universo tenía sus partículas elementales los **quarks**, existiendo 18 tipos diferentes, por tener lo que se conoce en la comunidad de la física como 6 sabores y 3 colores, como se abordó en el capítulo previo.

La materia bariónica estaba lista, en un "letargo ansioso", aguardando a que la temperatura admitiera que sus partículas elementales permanecieran unidas, para formar los **hadrones** (protones y neutrones) y **leptones** (electrones y neutrinos) Los neutrinos[1], que no tienen carga, son viajeros del espacio y algunos proceden del despertar del tiempo, ya que son como fósiles del Big Bang; estás partículas lo traspasan todo, nada las detiene, cada día millones cruzan nuestro cuerpo.

[¹J.Blaschke, "Los Gatos sueñan con Física Cuántica y los perros con universos paralelos", Amazon]

1.3.8 Eras Hadrónica, Leptónica y Recombinación

Caos no está en el olvido. En total oscuridad, apoyado en "su vista de lince", se percata que solo ha transcurrido un "pellizco de tiempo", apenas 1 microsegundo y el Universo ya se enfrió lo suficiente para permitir que **quarks y gluones**†† entren en combinación. ¡Eureka!, llegó la era de los hadrones, implicando que los protones y neutrones pasaran lista de asistencia en el *Universo Primigenio*.

Existe algo insólito, la simetría del cosmos está presente, implicando que por cada hadrón hay un antihadrón, su antipartícula y por consiguiente se eliminan entre ellos, tan pronto se crean. El viajero del tiempo piensa que algo bueno ocurrirá, para romper ese principio y la materia triunfará en su lucha contra la antimateria, de lo contrario el Universo no se manifestará como es, "don´t worry", algo bueno se dará, concluyó. Del segundo 1 al 10 fue la era leptónica²; o sea, los electrones y neutrinos empezaron a crearse. La antimateria del electrón es el positrón y del neutrino el antineutrino. El neutrino y su antipartícula son lo mismo; i.e., son partículas majorana‡‡. La creación de los leptones se logra gracias a un proceso de fusión nuclear, esquematizada en la Figura 1-10, que muestra también la producción de helio. Del segundo 10 al minuto 20 se elaboraron los elementos del nacimiento del cosmos, un proceso conocido como **nucleosíntesis primordial**§§, creándose hidrógeno, helio, litio y la proporción de protones a neutrones fue primero de 6 a 1 y al final de este intervalo de 7 a 1.

[²Álex Riveiro, Hacia las estrellas. Amazon, Kindle]

La forma como se lleva a cabo la fusión nuclear se ilustra en la Figura 1-10. Lo anterior se comprende al observar e imaginar que inicialmente, la liga de la interacción nuclear fuerte y el pegamento de un gluón juntan dos bariones protón-protón, para formar un nucleón o núcleo, pero "adentro" ya no estará esa pareja; ¡no!, porqué un protón se cambia a neutrón (los quarks up-up-down mutan a quarks up-down-down). Nada es gratis, la metamorfosis implica el nacimiento de un electrón, un neutrino y liberación de energía. A

---

†† La materia se edifica gracias a los fermiones y sus partículas elementales son los quarks y los leptones. Para que los primeros se junten requieren "un pegamento", los gluones, que dan la interacción nuclear fuerte. Los gluones son bosones, como el Bosón de Higgs, la Partícula Divina, gracias a la cual las otras adquieren su masa

‡‡ También llamada majorana, cuyo femenino es mejorana; es una herbácea similar al orégano

§§ Proceso por el que las reacciones nucleares transforman unos elementos químicos en otros, refiriendo comúnmente a un periodo del Universo Primigenio en el cual se transformaron los elementos más ligeros: hidrógeno, helio, litio y berilio.

esas partículas elementales se les conoce como leptones. Eventualmente un electrón orbitará, los niveles de energía que le sean permitidos. Así nacen los átomos del deuterio, un isótopo del hidrógeno. El hidrógeno, a diferencia del primero, no tiene en su núcleo neutrón, solo protón. Si la fusión se hace entre un átomo de hidrógeno y otro de deuterio se forma el helio, liberándose un fotón; así se creó la luz, para ir iluminando **nuestro Universo**, que se ensanchaba a pasos agigantados.

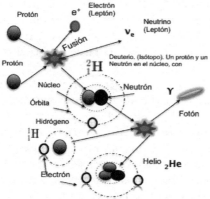

Figura 1-10 La fusión nuclear del Hidrógeno y Helio

Tras la Era Leptónica, después del minuto 20, Caos apresuró el paso y cruzó los "380 mil años", tiempo suficiente para el abatimiento de temperaturas, desde los 4 mil a los 2 mil 700 grados Kelvin, dando cabida a la *Era Recombinación*, donde los electrones, protones y neutrones comenzaron a juntarse para formar átomos. Al inicio, el escenario era opaco, porqué los fotones recorrían cortas distancias y se aniquilaban con los electrones de carga negativa, porque a las partículas de luz "las atrae" lo polarizado. No obstante, desde la formación de los átomos que son neutros, los fotones podían recorrer grandes espacios sin ser eliminados y la panorámica empezó a aclararse, a tornarse un cosmos iluminado.

1.3.9 Asimetría Materia y Antimateria. Era Hadrónica

La Creación Universal fue divina pues se rompió el principio de simetría y las partículas dominaron a las antipartículas, Figura 1-11, originando terrícolas suertudos de ser **materia** y no **antimateria** y de percibir que todo alrededor también lo es. En Ángeles y Demonios de Dan Brown, llevada a la

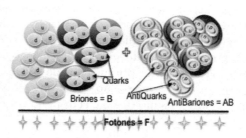

Figura 1-11 Asimetría Bariónica, una proporción de bariones y fotones

pantalla, la "manzana de la codicia" es la antimateria, ahí se hace ver que un gramo vale muchos millones de dólares y que al estar en contacto con la materia hay un proceso aniquilador, que desprende una cantidad tremenda de energía, por lo que le avizoran muchísimas aplicaciones.

Un ejemplo es propulsar las naves intergalácticas. La Enterprise, del filme Star Treck, utiliza antimateria como combustible y podría serlo de las naves MIPLANIS, antes citadas. A los terrestres les urge aventurarse a buscar otros mundos.

La misión Artemis, iniciada en el año 2022, tiene la finalidad de enviar nuevamente astronautas a la Luna. Los medios de difusión indican que con este plan astronautas, mujeres y hombres, viajarán y descenderán en la luna en 2024. Posteriormente se buscará formar una base lunar, que será clave para la conquista de Marte para el año 2033 y un supuesto de nuestra parte establece que esta proeza se cumplirá antes del 2040.

El entretenido filme, Ángeles y Demonios, es una trama fantasiosa con un fondo científico intrincado. Ciertamente, comprender el concepto de simetría del cosmos no es simple, por eso es bueno fijar algunos conceptos:

1) En física un problema es justificar la **asimetría bariónica**; o sea, ¿por qué hay más materia que antimateria? Se supondría que habría la misma cantidad, pero no se sabe la razón de la falta de ese equilibrio.

2) Un **hadrón** es una partícula subatómica formada por **quarks** (partículas elementales) que quedan unidas gracias a una interacción nuclear fuerte. Los bariones son eso hadrones, que al contener tres quarks (up y down) edifican los protones y neutrones, de los núcleos de los átomos.

3) Para que la asimetría barión-antibarión se diera, antes de la fase final de la inflación, el valor inicial de la temperatura debió ser enorme.

4) Si se hubiera dado el principio de simetría; es decir la aniquilación de bariones y antibariones, el cosmos estaría poblado de una **perturbación** electromagnética y los terrícolas y su universo serían eso.

Asimetría bariónica del universo es el número de bariones dividido entre número de fotones, da como resultado un número del orden de 6×10^{-10} (ver Figura 1-11) una fracción de un 6 con nueve ceros atrás; se calcula con las mediciones precisas de las pequeñas fluctuaciones de la temperatura de la radiación cósmica de microondas (WMAP-7)[***]
La asimetría bariónica permanece constante a lo largo del tiempo, pese a que el universo se expande. Es interesante de interpretar el valor de la asimetría bariónica, lo que se facilita si se muestra su valor como un quebrado:

$$6 \times 10^{-10} = \frac{6}{10^{10}} = \frac{6}{10000 \times 10^6}$$

El cociente de la división anterior señala que solo 6 bariones de entre 10 mil millones de ellos no se aniquilaron. Los bariones y anti-bariones destruidos forman la Radiación de Fondo de Microondas.

[***] **WMAP** es **W**ilkinson **M**icrowave **A**nisotropy **P**robe, es una sonda de la NASA cuya misión es estudiar el cielo y medir las diferencias de temperatura detectadas en **la Radiación de Fondo de Microondas**, generada al momento del Big Bang

1.4 Radiación de Fondo de Microondas

Diversos medios de comunicación, incluyendo a la NASA, despliegan imágenes de la Radiación del Fondo de Microondas, CMB, del inglés, "Cosmic Microwave Background". Esta radiación electromagnética, que está presente en todo el espacio, fue descubierta accidentalmente por Arno Allan Penzias y Robert Woorow Wilson, lo que les mereció el Premio Nobel de Física en 1978.

Sin profundizar sobre el CMB, se puede exponer que esta radiación es pieza clave del estudio de la nueva Cosmología, sobre el "universo temprano". Al respecto, una investigación detallada lo presenta Alberto Casas[1]. Dicho trabajo relata la forma como se encontró el hallazgo por los descubridores de esa radiación.

[1 Alberto Casas, La Luz del Origen del Universo, Arbor, Vol 191-775, Sep-Oct, 2015]

1.5 De La Última Dispersión a las Estrellas

Lo más distante, factible de observar directo, es la constelación Andrómeda o M31, la cual se encuentra a 2.5 **Mly**, millones de años luz. Quiere decir que a la luz le cuesta 2 millones y medio de años moverse de M31 a la Tierra; apreciándola tal como era entonces; concluyendo que, al observar astros cuanto más lejos estén, más se retrocede al pasado de la historia del tiempo. Con el telescopio **Hubble**, se han observado supernovas, agujeros negros y otros cuerpos celestes.

El 25 de diciembre de 2021, se lanzó al espacio el telescopio James Webb, JW, para reemplazar al Hubble. El JW es unas 100 veces más potente que el Hubble y orbita a 1.5 millones de Km de la tierra. Con este equipo se podrá "mirar mucho más pasado". No obstante, distará mucho de poder "ver el mismísimo Big Bang", es una proeza imposible, al menos este siglo; por lo pronto se podrán admirar imágenes increíbles y una delicia para la vista de muchos de nosotros[1,2] y un gran festín para el mundo científico.

[1Alexander Wasa, Four revelations from the Webb telescope about distant galaxies, Nature – News, 27 July, 2022, https://www.nature.com/articles/d41586-022-02056-5;

2 eesa, Hubble Space Telescope. The Latest Spectacular Images from the Cosmos, NASA, ESA-Hubble, 2022, https://esahubble.org/media/archives/calendars/pdfsm/cal2022.pdf]

El Universo al principio era opaco, ya que los fotones no se podían propagar al aniquilarse por chocar con los electrones con carga eléctrica, que se movían libremente, sin la dependencia de los núcleos atómicos. Pero el universo se expandía veloz, bajando la temperatura y unos 380 mil años después del Big Bang, los electrones y protones pudieron asociarse formando átomos neutros, de manera que los fotones ya se podían desplazar sin obstáculos, al haber más espacio para subsistir, tornando el cosmos de opaco a iluminado.

A esta región del espacio oscuro y que no se puede avistar, se le conoce como era de la **Última Dispersión**. Por lo tanto, el límite visible de las observaciones queda determinada por esa **Última Dispersión**, la cual constituye una barrera o muro infranqueable, que no es factible traspasar.

Las primeras estrellas pudieron aparecer después de 200 a 400 millones de años. Una explicación muy certera sobre la creación de los primeros y subsecuentes astros se encuentra en la referencia[3].

[3]Luis Felipe Rodríguez Jorge, **La formación de las estrellas a través del tiempo**; https://www.irya.unam.mx/gente/l.rodriguez/formacionatraves.pdf último acceso, 20/Oct/2022]

Conforme se fueron formando las estrellas, inició su agrupación en constelaciones. Una de ellas sería la Vía Láctea, con una edad posible de unos 13 mil millones de años. En las estrellas, los átomos de <u>hidrógeno y helio</u> se fueron fusionando para formar <u>carbono, nitrógeno, oxígeno y los otros elementos químicos que existen</u>.

Luego de unos cientos de miles de años de creadas las estrellas, estas mueren en un evento explosivo, lanzando al espacio aquellos elementos químicos indispensables para la vida, "somos polvo de estrellas", comentó Stephen Hawking en una entrevista. Las estrellas de gran masa culminan en lo que se llama "explosión de supernova".

1.6 De Vuelta a la Cima

Caos reflexivo ha seguido su retorno a la cima. Certifica que el Sistema Solar se edificó hace 4 mil 568 millones de años, es decir que tuvieron que transcurrir 9 mil 232 millones de años para que el Astro Rey apareciera. Sobre la edad de la Tierra, En el sitio protestantedigital.com, en su sección Tubo de Ensayo, hay un excelente artículo de Daniel Moreno: "Oh, Tierra, ¡qué vieja eres! 4 mil 560 y pico millones de años", explicando que en 1953 el geoquímico Clair Patterson calculó la edad de la Tierra en 4 mil 550 millones de años.

Lo que se puede observar en la cima es ilimitado pero acotado. El punto más separado, de la Tierra, lo representa la galaxia GN-z11, que pertenece a la constelación **Osa Mayor**, del latín Ursa Maior, es la más vieja detectada, su edad es de 13 mil 400 millones de años, casi la edad de la última dispersión. Como está a una distancia de 32 mil años luz de la tierra, Caos no lo entiende ¿cómo es posible que tenga esa separación si el cosmos tiene 13 mil 800 millones de años?, no concilia con la distancia que la luz viaja en un año.

La justificación a ese enigma se resuelve al involucrar la expansión del universo. En realidad, el alejamiento entre GN-z11 y la Vía Láctea es de 2 millones 660 años luz, que corresponde al momento en que emitió su reflejo. Pero, hay un **factor de expansión** del cosmos y al aplicarlo arroja esa descomunal distancia.

Desde su panorámica Caos examina la gran cantidad de exoplanetas, que orbitan a distintas estrellas, cometas y asteroides, algunos ciertamente desplazándose en órbitas peligrosas para la Tierra. Percibe algunos **Planetas Rebeldes**, totalmente oscuros, que deambulan por la Vía Láctea, pues no orbitan algún astro. Tal vez fueron planetas normales, que abandonaron sus estrellas, después de chocar con otro objeto que los hizo rebotar.

El Universo está repleto de cuerpos sin descubrir y muchos son asombrosos por sus tamaños o comportamientos inusuales; como un planeta siete veces más grande que su estrella, pues gira alrededor de una enana blanca, de tamaño apenas de un 40 % más que la Tierra, pero ese planeta tiene la dimensión de Júpiter.

1.7 Factibilidad o imposibilidad de viajar en el tiempo

El físico Stephen Hawking consideró que este es "un tema importante para la investigación". Viajar en el tiempo supone la posibilidad de establecer un bucle espacio-tiempo, lo que no será posible, al menos este siglo. La hipótesis está fundamentada en la teoría General de la Relatividad de Einstein, que establece, entre otras cosas, que la atracción gravitatoria de grandes objetos, entre ellos los planetas, curvan el tiempo y el espacio, lo que fomenta la investigación, pensando en la factibilidad de que la línea del tiempo se tuerza sobre sí misma, hasta formar un bucle, construyendo así una especie de **"Máquina o Túnel del Tiempo"**.

No se incursionará más en las formalidades científicas, solo se invita al lector a reflexionar sobre lo que plantea la **"paradoja del viaje en el tiempo"**, también conocida como **"la paradoja del abuelo"**, que consiste en una persona que viaja al pasado y mata a su abuelo, antes de que este conozca a su abuela y puedan concebir a su padre. Por lo que el viajero nunca ha nacido y, mucho menos, pudo haber ido a eliminar a su antepasado, sugiriendo la imposibilidad de retroceder en el tiempo. Esa hipótesis de viajar en el tiempo y su paradoja están disponible en los distintos medios de difusión.

En realidad, transportarse al pasado o al futuro responde a la misma paradoja, pues pueden acomodarse a placer y al idear algunas se podría concluir también: ¡ir al futuro es aberrante, imposible! Pero, no olvidar el pensamiento: ¡no hay imposibles para la ciencia!

1.8 Parametrización del Universo, una sintonización perfecta

La ley de la gravitación universal, de Issac Newton, dicta que la fuerza de atracción entre los cuerpos es proporcional al producto de sus masas, dividido por la distancia entre ellas elevada al cuadrado, sentencia que matemáticamente se expresa: $F \propto \frac{m_1 m_2}{r^2}$. Sí se precisa establecer en vez de la proporción una igualdad, el requerimiento obliga, necesariamente, a introducir un parámetro, que convierta α en el signo de igualdad (=) Este problema fue resuelto hace ya muchos años, en el lejano 1687, por aquel científico, nominándola la constante de la gravitación universal.

La fórmula quedó como $F = G \frac{m_1 m_2}{r^2}$; el mismo Newton solventó, de forma experimental, que G = 6.67384x10⁻¹¹ N m²/Kg⁻², no siendo el objetivo entender este número, ni sus unidades, porqué lo trascendente es resaltar que hay un número de la naturaleza, que rige la dinámica de los cuerpos del macrocosmos, lo grande; ya que, para el otro mundo, el atómico, aplican las leyes de la Mecánica Cuántica, que resuelve el devenir azaroso de las partículas de los átomos.

Una constante, en el dominio de las matemáticas, es un valor que permanece fijo y no puede cambiar, lo que quiere decir que G es una constante del Universo, que no ha cambiado, al menos después del instante 10⁻⁴³ s, que es cuando las leyes de la Física resultaron ya aplicables.

Para el mundo atómico hay otro parámetro, un número de lo más extraño y enigmático y bautizado como la **constante de estructura fina de nuestro Universo**. Suele representarse con la letra griega épsilon, representada por ε, que caracteriza la fuerza de la interacción electromagnética, o interacción entre partículas con carga eléctrica y vale 1/137, que significa que solo un electrón entre 137 emite un fotón, como se explicó en un apartado anterior. Este número 1/137 = 0.00729927, es la proporción entre las masas del protón y el neutrón, resultando exactamente esa fracción. Un colosal misterio, ¿cierto? Y sí, de acuerdo, como lo es el número G, discutido antes.

Una conclusión es la siguiente:

Así como la naturaleza parametrizó, de forma universal, **las constantes de la gravitación y de la estructura fina**, lo hizo con otras.

Este enigmático asunto lo aborda magistralmente Martin Rees en su libro: "Just Six Numbers. The deep forces that shape the Universe". El mensaje es muy profundo; "lo dice todo", con solo seis números la naturaleza parametrizó las fuerzas fundamentales que dan forma a nuestro Universo. Fueron precisamente esas, con otras sería un cosmos enteramente distinto.

Existen enunciados controversiales, porqué establecen que el Universo fue "bien afinado". Siendo rigurosos, no es aceptable la acción de "sintonizar esas constantes", es un imposible.

La parametrización del Universo se conceptúa, de forma inédita, proponiendo que las constantes de la naturaleza son los valores que estas adoptaron, como consecuencia del azar, fijándolos, así como son, porqué otros conjuntos podrían ser propiedad de los "universos hermanos del Multiverso", si estos parientes coexisten.

Sí, es definitivo, los parámetros que, afortunadamente, tocaron a nuestro Universo es un entero misterio. Como se expuso antes, si la parametrización fue una acción Suprema, Dios tuvo una pizca de tiempo, entre 0 s y 10^{-43} s, para hacer valer "su poder divino", lo cual, no desechando el margen de la duda, se prefiere no admitir y esperar a que la ciencia dilucide el enigma, como tantos otros, pendientes de ventilar[1,2,3].

[[1] Martin Rees, Just Six Numbers. The deep forces that shape the Universe", Amazon, Kindle.
[2] John D. Barrow Las Constantes de la Naturaleza, los secretos más ocultos del Universo", Amazon
[3]M.A. Pinilla Ferro, Ciencias Planetarias y Astrobiología, Universidad Nacional de Colombia, https://protestantedigital.com/conciencia/39870/dios-y-el-ajuste-fino-del-universo]

1.9 El bosón de Higgs, la partícula divina

Para profundizar en el tema se sugiere consultar lo siguiente:
1)León Lederman, Dick Teresi, La partícula divina, sí el universo es la respuesta, ¿cuál es la pregunta, Amazon, Kindle;
2) Gerardo Herrera Corral, "El Higgs, el universo líquido y el Gran Colisionador de Hadrones", Amazon, Kindle;
3) Jorge Blaschke, "Los Gatos sueñan con Física Cuántica y los perros con universos paralelos, Amazon, Kindle.

En particular, la primera de estas tres obras se titula como un acertijo, mismo que se abordó antes; también, se propone una alegoría muy ingeniosa e interesante, vinculada con el Génesis 11:1-9 (se recomienda consultar dicha obra) El Génesis es el libro uno del Antiguo Testamento, que, junto con el Nuevo Testamento, conforman la Biblia, de 66 libros. La metáfora aducida está muy apegada a lo que presenta en el sitio Biblia by Faithlife (https://biblia.com)

1.10 Alegoría de La torre de Babel y el acelerador LHC

Babel significa Portal del Cielo y su Torre representa la soberbia, al querer el hombre estar a "la altura de Dios". Usando, como modelo inspirador, el Acelerador de Partículas de Waxahachie, Texas, Lederman propone, en aquella obra referida, la metáfora: "El Novísimo Testamento, 11:1". En nuestro trabajo, empleando como arquetipo el Gran Colisionador de Hadrones LHC, de Suiza, se presenta la **alegoría LHC**; aludida así al ser un planteamiento donde las cosas tienen un significado simbólico, no estricto.

Alegoría LHC

Era la tierra de muchas lenguas y de mucha ciencia; decenas de Universidades y varios cientos de científicos marcharon hasta las llanuras de Ginebra.

Diciéndose unos a otros "vamos a construir un Colisionador Gigante de partículas, para que sus encontronazos exhiban el *Universo Temprano*.

Y se sirvieron con superconductores creando imanes, para generar una enorme fuerza gravitatoria.

Y emplearon millares de protones y iones de plomo, para descubrir hasta las partículas más elementales, amén de que ellas enseñen sus propiedades, al desintegrarse después de sus tremendos encontronazos, por viajar casi a la velocidad de la luz.

Javhé finalmente descendió, en un día de julio de 2012, a ver el portento de máquina que los hijos del hombre habían edificado, y se dijo:

"He aquí un pueblo que está sacando de la confusión lo que yo confundí".

el Altísimo suspiró y dijo: "mirad pues la **Partícula Divina**, de modo que podéis precisar el origen de cuán bello Universo, les he ofrecido a todos los hombres y mujeres de este planeta, pero también a mis otras criaturas, que ciertamente se asientan en otros muy distintos y distantes mundos".

Para que cobre más sentido la alegoría se establecen los siguientes conceptos:

➢ Nada es más veloz que la luz, ni lo más pequeñito del mundo atómico. Resulta que las partículas elementales no consiguen la velocidad de la luz porqué en el espacio, incluyendo el vacío, está presente el "**Campo Higgs**", que obstaculiza el movimiento. Es un campo de fondo, que no deja de existir. El campo, con sus reservas, guarda cierta analogía con el éter propuesto, como quinto elemento, por Aristóteles, diciendo que llenaba todo el espacio supra lunar.

➢ Las partículas elementales adquieren masa a través del llamado mecanismo de Higgs. Puede causar confusión haber referido "Campo Higgs" y no "bosón de Higgs", o partícula divina; pero, lo que sucede es que, en el mundo cuántico, los campos tienen partículas asociadas y el Higgs liga esa partícula, así como al campo electromagnético le toca el fotón y a la gravedad el Gravitón, que se busca incansablemente.

➢ Al tener la encomienda de que las partículas elementales adquieran masa, permite afirmar que el bosón de Higgs, o *partícula divina* (*"The God Particle"*) ha estado presente en toda la historia del tiempo de nuestro Universo; sin ella, "¡los terrícolas serían la nada!"

Capítulo 2: Universo y Termodinámica. Estrellas y catástrofes terminales

2.1 Preámbulo

Abordar la trama de la muerte es un **desafío gigante** y ubicar cuántos años le restan al cosmos es de lo más incierto y enigmático. Por suerte, este suceso se dará, "cruzando dedos", dentro de un larguísimo tiempo. Por eso se requiere de "**Los *Grandes Números***", tema que cobra gran importancia al tratar el Universo, con su "centillón" de estrellas (por dar un número) que nacen y fenecen de una u otra manera. Andrómeda y la Vía Láctea eventualmente chocarán para formar una constelación nueva y el Sol no vivirá más de 5 mil millones de años, pues evolucionará a gigante roja atrapando a Mercurio, Venus y acaso a la Tierra.

En el Universo suceden "un googolplex" de fenómenos que tienen que ver con la transformación de la energía, dando motivo para incluir el "***Universo y Termodinámica***". A la Termodinámica la Real Academia Española la define como la rama de la Física encargada de la interacción entre el calor y otras manifestaciones de la energía. Es de las disciplinas que ayuda a comprender por qué suceden gran parte de los fenómenos del universo. El **googolplex**, se aborda en el apartado dedicado a los grandes números, es 1 con infinidad de ceros, que ni el más longevo terminaría de escribir, así fuera Matusalén, aquel personaje de la ***Biblia*** que extendió su "peregrinar por 969 años".

La sección denominada "**Las estrellas: formación, evolución y final**" expone desde el nacimiento de esos astros hasta su culminación. ¿Cómo y cuándo acaba el ***Universo?*** es de los enigmas más cautivadores e inquietantes del hombre desde tiempos remotos, echando a volar su imaginación para generar conjeturas, teorías y mitos. Ahora, científicos publican escenarios plausibles del fin "***de todo***", que caen dentro de los cinco ***Niveles Catastróficos*** planteados por Isaac Asimov, que en el Capítulo 4 se adecuan para explicar primero la muerte del Universo (Nivel 1) para seguir con el Sol, luego la Tierra, para desembocar en el "***Apocalipsis Terrícola***". Respecto a la Catástrofe de Nivel 1, la ***Mitología Nórdica*** capta el interés de "propios y extraños", por basarse en la historia de "***Ragnarök***, la batalla de los dioses", tema que se integra en este Capítulo 2.

El Capítulo 4 insistirá que nada es eterno, así como ***nuestro Universo*** tendrá su final, el Sol y la Tierra se sujetarán a eventos catastróficos terminales, los que acontecerán en la muy remota lejanía, que los terrestre ya no alcanzarán, porqué mucho antes de que su Sol se apague *"El Apocalipsis Terrícola"* "los habrá convocado a rendir cuentas", máxime si la proeza de colonizar otros mundos no se consuma ¡**El reto del tema es enorme, iremos por el**!, pero antes se requieren diversos fundamentos, que se exponen en este y en el siguiente Capítulo, "Preparándonos para el fin de todo".

2.2 Las estrellas: formación, evolución y final

William Shakespeare, uno de los mejores dramaturgos de la historia de la humanidad y autor de "Romeo y Julieta", "Hamlet", "Otelo", "Sueño de una Noche de Verano", legó una hermosa y profunda frase poética, que tal vez no cuadre para introducir un tema alusivo a las estrellas, pero como "la fortuna y el amor son amigos del audaz", con perdón del lector aquí está: "Duda que sean fuego las estrellas, duda que el Sol se mueva, duda que la verdad sea mentira, pero no dudes jamás de que te amo". Este pensamiento, que expresa la veracidad del amor hacia la persona amada, aunque todo lo demás pueda no ser cierto, debe dejarse al margen, exponiendo que las estrellas forman constelaciones. Estos astros son bolas de gas ardiendo, separados de la Tierra distancias muy grandes; por lo que, la mayoría emitieron su luz hace millones de años, siendo probable que varias de ellas ya hayan muerto, dejando encaminados los haces de luz que vemos. Las estrellas, que les arranca tanta curiosidad y fascinación a los terrícolas, son fuentes de poder nuclear, capaces de fusionar acaso más de 5 millones de toneladas de hidrógeno en helio cada segundo, perdiendo en el proceso algo de masa, que, por ser inherente con la energía, $E = mc^2$, esta se irradia en forma de luz y calor al espacio, para iluminar y templar infinidad de planetas, que como la Tierra las orbitan.

Se invita a reflexionar sobre la inmensidad del "cielo que cobija"; es sorprendente su grandeza y la profusión de incontables estrellas. El existir se debe a ellas, por eso admirar "un cielo estrellado" es indecible. El Astro Rey, está lejísimos, como a 150 millones km[††††††] y es muy grande, porqué su diámetro es de 1 millón 392 mil km, 109 veces más ancho que la Tierra. Es tan caliente que la temperatura de su fotósfera[‡‡‡] ronda los 5 mil 800 grados Kelvin (K) alcanzando su núcleo los 15 millones 700 mil K. El ciclo de vida de una estrella dura muchos millones de años; pero, entre más grandota sea más pronto se apaga y acaba su existir.

El nacimiento de estos increíbles astros ocurre dentro de las nebulosas,

---

[††††††] Km es una **abreviación** de kilómetros, o sea una representación acortada de la palabra, en este caso un símbolo

[‡‡‡] Capa gaseosa visible y luminosa que delimita el contorno del Sol

que son nubes de polvo constituidas por hidrógeno. Pasan miles de años y la gravedad provoca que las cavidades de materia densa de una nebulosa colapsen bajo su propio peso. Parte de estas masas de gas que se contrae se llama **Protoestrella** y representa la etapa naciente del astro. Las protoestrellas son difíciles de detectar, al ocultarlas el polvo de la nebulosa.

Las estrellas pueden ser arriba de cien veces más colosales que el Sol, que es de tamaño medio, el que con nuestro Sistema Solar se sitúa en el brazo de Orión de la Vía Láctea. La Figura 2-0, basada en una y imagen de *ESA/NASA,* ilustra que hay muchas estrellas más pequeñas que el Sol, pero otras bastante más grandes, como la gigante roja **Betelgeuse**, también llamada α **Orionis** y que se halla en la constelación de Orión. El color característico

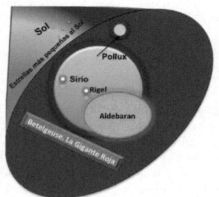

Figura 2-0 El Sol y otros astros

de esta gigante proviene de las temperaturas disminuidas de su superficie, unos 3 mil K, muy baja comparada con la del Sol que roda los 5 mil 800 K en su fotósfera, como ya se apuntó.

No obstante, el impresionante tamaño, **Betelgeuse** se queda muy corto respecto a la hipergigante HR5171, detectada por el Observatorio Astral Europeo, ESO§§§, siendo una de las diez más grandes del cosmos.

Cuando las estrellas, hasta ocho veces la dimensión del **Sol**, agotan su combustible se transforman en **gigantes rojas**, que al paso del tiempo se desprenden de sus capas exteriores, comprimiéndose como **enanas blancas** muy densas, pues unos cuantos de sus cm³ pesaría cientos de toneladas. A lo largo de billones de años esos cuerpos deberán llegar al máximo enfriamiento, volviéndose enanas negras y por lo mismo invisibles, siendo lo más probable que aún no exista alguna. En cambio, estrellas de mucho más tamaño, terminan su vida muy repentinamente, porqué cuando tienen poco gas que fusionar, se dilatan hasta convertirse en súper gigantes rojas, como **Betelgeuse**, que luchando por su vida quemará todo su hidrógeno, siguiendo con el helio de su núcleo, lo que le funcionará durante un tiempo desconocido. Pero tendrá inevitablemente su final, produciendo una enorme explosión de supernova, en un suceso cosmológico increíblemente espectacular.

---

§§§ESO es la Organización Europea para la investigación astronómica en el hemisferio Sur, compuesta por 15 países, donde figuran: Francia, Italia, España, Alemania y Reino Unido, entre otros

Otros astros, de nombre **estrellas de neutrones**, son remanentes estelares, que han alcanzado el fin de su viaje evolutivo a través del espacio y el tiempo y que, según la NASA, nacen de estrellas gigantes de cuatro a ocho veces el tamaño del Sol, después de explotar en supernovas. Pero el núcleo denso continúa colapsándose, generando presiones tan enormes que los protones y neutrones se juntan y se vuelven todos neutrones; de ahí su nominación.

Se debe apuntar que muchas estrellas acaban convertidas en enanas blancas o estrellas de neutrones. Las estrellas de neutrones tienen un diámetro de 20 a 30 kilómetros, pero, a pesar de su nimiedad, pueden contener 1.5 veces la masa del Sol, lo que las hace extremadamente densas. La Figura 2-1 es nuestra representación, al imaginar que un trocito de ellas en apariencia puede ser análoga al diamante de Botswana, una colosal piedra de mil 174 quilates, cada uno equivalente a 200 miligramos, desenterrado de

la mina Jwaneng, en junio de 2021 (descrito en cnespanol.cnn.com). Un trocito de ese astro, del tamaño de la piedra preciosa, pesaría como cien millones **de toneladas,** por su densidad gigantesca, comparada con algún otro **objeto**. El peso de ese diamante es 1,174x0.2 gramos = 234.8 gramos, poco más de media libra, porqué 1 libra son 0.454 kg.

Figura 2-1 Representación de una estrella de neutrones

En el Apéndice 2.7, al final del Capítulo, se hace un comparativo de densidades, para saber que tanto la estrella de neutrones es más densa que el Sol y el diamante, calculando también de que tamaño es la piedra de Botswana, resultando de 5 cm de diámetro, suponiendo que fuera una piedra esférica. En el Apéndice 2.7 al final del Capítulo [****], , están los cálculos justificantes de que la estrella de neutrones es infinitamente más densa que otros cuerpos: 505 billones de veces más que el Sol y 0.2 billones de veces más que el diamante

Los **púlsares** son estrellas que se ralentizan (se vuelven lentas) gradualmente sobre eones, o periodos de tiempo máximos. Pero, los cuerpos que todavía giran a gran velocidad pueden emitir radiación que desde la Tierra parece destellar a medida que rota, como el haz de luz de un faro. Esta apariencia de "pulso" da a esas estrellas de neutrones el nombre de **púlsares**. Después de girar durante varios millones de años, los púlsares se quedan sin energía y se convierten en estrellas de neutrones normales.

Se ha insistido que los **agujeros negros** son singularidades que invalidan

---

[****] Orientado a los lectores que gusten de recordar la añorada educación secundaria y preparatoria o aquellos que estén en esa maravillosa etapa de la vida, como todas las demás

<u>las leyes de la Física</u>; son los integrantes del cosmos consecuencia de la última fase evolutiva de enormes estrellas, de al menos 10 a 15 veces el tamaño del Sol. Esas singularidades engullen todo lo que esté al alcance de su poderío gravitatorio, nada escapa; solo emiten la "Radiación Hawking", que será su perdición; o sea, la causa de su eventual culminación.

Cuando las estrellas gigantes llegan al   final de sus vidas, estallan como **supernovas** dispersando su mayor parte de masa al vacío; pero, quedan una gran cantidad de "restos fríos", que no producen más la fusión nuclear, como cuando eran jóvenes que disponían de una vasta energía, debida al calor y a la presión, con empuje al exterior, que se equilibra con la fuerza de gravedad, que produce la propia masa de la estrella, que lo hace hacia el interior (ver nuestra Figura 2-2, basada en esquemas Google)

Pero, "ya vieja y agotada", sus gélidos restos no aguantan "la presión gravitatoria" y acaba por replegarse sobre sí misma, hasta alcanzar un volumen   cero, engendrándose un **agujero negro**, tan infinitamente denso, que no dejará escapar ni la luz.

Pueden   existir **agujeros   negros supermasivos** en el centro de algunas galaxias, incluida la Vía Láctea. Una singularidad es un punto del Universo capaz de comprimir una masa de 10 a 100 mil millones de soles, no

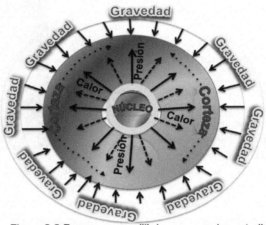

Figura 2-2 Fuerzas en equilibrio que unen las estrellas

habría algún límite. Como "todo lo que se acerca se tragan", **agujeros negros** pequeños pueden alcanzar "un poder gravitatorio descomunal", después de coger mucha materia del interior de su galaxia.

Los agujeros negros son protagónicos de un buen de historias de ficción, como la inquietante serie televisiva "Dark", que se mete en los misterios de los agujeros negros, explotando la imaginación al jugar un papel destacado conceptos extremadamente teóricos, que versan sobre **agujeros de gusano**; unos "túneles" que allí suponen el medio que permite a los personajes de la historia realizar los viajes en el tiempo. Los telescopios como el Hubble y el Fermi son vitales para el estudio del cosmos. El primero rota a unos 593 km de la Tierra y el segundo, la NASA lo puso a orbitar el 11 de junio de 2008, un poco más abajo, como a 550 km del nivel del mar. El Fermi fue llamado así en honor italiano Enrico Fermi (1901-1954) un pionero en el campo de la física de altas energías; sus teorías proporcionan los fundamentos para entender los descubrimientos de este telescopio.

El instrumento principal del Fermi mapea continuamente el cielo en busca de fenómenos astrofísicos, tales como núcleos activos de galaxias, púlsares o restos de supernovas. Diversos sitios de la red muestran bellas imágenes del "cielo en rayos gama" obtenidas por el Fermi.

Por nuestra parte, el cielo lo adornamos con una cúpula de estrellas, que realza una bella canción, alusiva al tema, Ver Figura 2-3.

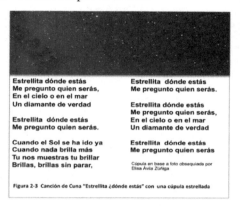

Estrellita dónde estás
Me pregunto quien serás,
En el cielo o en el mar
Un diamante de verdad

Estrellita dónde estás
Me pregunto quien serás.

Estrellita dónde estás
Me pregunto quien serás.

Estrellita dónde estás
Me pregunto quien serás,
En el cielo o en el mar
Un diamante de verdad

Cuando el Sol se ha ido ya
Cuando nada brilla más
Tu nos muestras tu brillar
Brillas, brillas sin parar,

Estrellita dónde estás
Me pregunto quien serás

Cúpula en base a foto obsequiada por Elisa Ávila Zúñiga

Figura 2-3 Canción de Cuna "Estrellita ¿dónde estás" con una cúpula estrellada

Es bueno recordar a la abuela, al menos de vez en cuando; un retorno a la niñez siempre brinda gratos momentos. Traer a "la neurona" aquella canción "de cuna" Estrellita, ¿dónde estás[1]?, "podría darle al clavo". Esa tonada navideña, siendo tan popular es de origen incierto. La búsqueda arroja que la versión original nació en Francia; pero, medios de difusión también citan que lo más probable es que la autora sea la poetisa inglesa más famosa del siglo XIX, Jane Taylo, pues con su hermana Ann coleccionaron sus mejores poemas en el libro "Nursery Rhymes", "Rimas de Enfermería", que incluye "twinkle twinkle Little star". La obra, fue un éxito comercial en esos años y se divulgó alrededor del mundo, llevando consigo, la famosa cantinela[††††††††], que cobro tal fama que la música de la versión conocida fue escrita por Mozart[####], de ahí que sea una auténtica joya.
[[1] https://cancioncitas.com/canciones-cuna/estrellita-donde-estas/]

Las bolas de gas luminosas del Universo guiaron a los antiguos navegantes en los azules mares. Hoy día, ayudan a los científicos a explorarlo, maravillándolos al mirar que alberga numerosos fenómenos exóticos hermosos, algunos generando cantidades de energía casi inconcebibles, pero otros muchos son un verdadero enigma. Al cantar suavemente "¿Estrellita dónde estás?", se podría arrullar a un bebé hasta dormirlo, aunque más allá de los confines de la atmósfera terrenal, los versos de la canción no checan, pues una interpretación correcta, aunque menos tranquilizadora, sería: "emite, emite, bola de gas gigante". Pero no obstante la grandeza, esos astros morirán para engendrar a otras y "sembrar vida nueva". Los protagónicos

††††††††Composición poética breve para ser cantada

####Wolfang Amadeus Mozart (1756-1791) de Salzburgo, actual Austria, célebre compositor y autor de las óperas: "Las bodas de Fígaro", "Don Giovanni" y "Cosi fan tuttle" astros, como el Universo, no serán eternos: <u>liquidarán la historia del tiempo, en un evento catastrófico.</u> Algunas referencias de este apartado, adicionales a las tres previas, se encuentran abajo como 4,5,6 y 7.

[[4]Alex Riveiro, Hacia las estrellas, Amazon, Kindle
[5]https://www.nationalgeographic.es/espacio/agujeros-negros;
[6]John Percy, Evolución de las estrellas, Publicaciones NASE,
https://amyd.quimica.unam.mx/pluginfile.php/6406/mod_resource/content/1/evolucion%20de%20e
strellas.pdf. [7] Daniel Martín Reina, "Algo pasa con Betelgeuse", Revista Cómo vez, UNAM,
https://www.comoves.unam.mx/numeros/articulo/261/algo-pasa-con-
betelgeuse#:~:text=En%20el%20caso%20de%20Betelgeuse,combustible%2C%20se%20empez%C3%
B3%20a%20desestabilizar]

2.3. Los grandes números

2.3.1 Presentación

El reflexionar sobre los grandes números excita alguna de las cien mil millones de neuronas ($100{,}000{,}000{,}000 = 10^{11}$), aflorando la pregunta de una niña, soltada durante la edificación de su castillito: ¿y cuántos granos hay en todas las playas? Esa vivencia surgió en Playa del Amor, localmente conocida como "la playa escondida", perteneciente a las Islas Marietas, en Bahía de Banderas de Puerto Vallarta, un lugar de acceso controlado por el gobierno de México y catalogado dentro de las más hermosas playas del mundo, entre otros por National geographics[1]. Podría asegurarse que todo es factible; pero, responder este porqué infantil, con certeza, es ¡imposible!

El dicho **"para todo hay remedio si no es para la muerte[2]"** se emplea a modo de consuelo cuando se ha sufrido alguna desgracia, contratiempo, ¡**o paliza**!, pero ¡aquí no!, aquí se encuadran las estimaciones sobre la cantidad de granos de arena que hay en todas las playas del mundo. Para realizarlo aceptaremos que hay 375 mil millones de metros cúbicos de arena en las playas[3], lo que permite efectuar la estimación buscada y resolver aquella duda de la niña. Consideraremos también que los geólogos definen las arenas[4], como el conjunto de todas las rocas cuyo diámetro sea menor de 2 mm y mayor que 0.0625 mm. Esto implica que el diámetro promedio es 1.03125 mm y su radio promedio es $Y_a = 0.515625 \; mm$.

[[1]https://www.nationalgeographicla.com/viajes/2017/12/las-21-mejores-playas-del-mundo
[2]El Quijote Capítulo XLIII: "…cuanto más que fingiré que tengo tullida la mano derecha y haré que firme otro por mí, <u>que para todo hay remedio, si no es para la muerte</u>, y teniendo yo el mando y el palo, haré lo que quisiere…";
[3] https://www.bbc.com/mundo/noticias-44943002, ¿Hay realmente más estrellas en el Universo que granos de arena en todas las playas del mundo como dijo Carl Sagan?;
[4]http://www.handsontheland.org/grsa/resources/curriculum/elem_sp/lesson31.htm]

Ahora, sí apiláramos mil granos de arena, dando la forma de una esfera, el volumen de esta sería:

$$\vartheta_{\kappa_a} = \frac{4}{3}\pi Y_a^3 = 0.57423746 \ m^3$$

Como supuestamente en el orbe hay $375000x10^6 = 0.375x10^{12} \ m^3$ de playa, al dividirlo entre ϑ_{κ_a} se obtiene $\frac{0.375x10^{12}}{0.57423746} =$ $0.65303995x10^{12}$ esferillas.

Por lo que la cantidad buscada es:

$$\eta_{ga} = 0.65303995x10^{12}x10^3 = 653.03995x10^{12}$$

Con lo anterior la pregunta se responde diciendo:

Podrían existir el gran número de 653 billones de granos de arena en las playas del mundo, que es "bien grandote", ¡enorme!

Se debe citar que la **Ley de los Grandes Números**[1] es un teorema fundamental de la teoría de la **probabilidad**§§§§ que indica que, si repetimos muchísimas veces, tendiendo a infinito; o sea, un **gran número** de veces, un mismo experimento, el resultado será que la frecuencia de que suceda un cierto evento se inclinará a ser constante. De forma práctica, imaginar el lanzamiento reiterado de una moneda, el tirar un dado, el girar una ruleta americana, etc. Al razonar, sobre las veces que aparecerá un cierto resultado, se llegará a la conclusión de que "*¡no es la suerte!*" sino que hay un "**número cualidad**", o característico que tiende a ser constante, nominada "**su probabilidad**". En los experimentos de la moneda, dado y ruleta, el 50% resultará cara; un sexto de las veces saldrá 4; y, 1/38 veces el 3 negro; ¿es bastante lógico verdad?

[[1]Paula Nicole Roldan, https://economipedia.com/definiciones/ley-los-grandes-numeros.html, ultimo acceso 11 de octubre de 2022]

2.3.2 Googol, Googolplex y Shannon

Abordar la trama de la muerte es un <u>reto gigante</u>. Ubicar cuántos años le quedan de vida al Cosmos hace inevitable invocar el tema de los **grandes**

---

§§§§ La ley la propuso el matemático suizo Jacob Bernoulli (1654-1705) y se refiere a una sucesión de variables aleatorias independientes e idénticamente distribuidas con varianza finita y asegura que el promedio de las n primeras observaciones (variables aleatorias) se acerca a la media teórica, cuando el número n de repeticiones tiende a infinito. La probabilidad tiene una estrecha relación con muchos fenómenos del Universo, sobre todo en el mundo cuántico o atómico

números; pero, pensar en lo mayúsculo es como ir "**al infinito y más allá**", diría un o una infante, al concebir "a toda mecha"[1] la inmensidad relacionándola con algo, fijándole algún nominativo, como Milton Sirotta, sobrino del matemático Edward Kasner, un niño de 9 años que en 1938 acuñó el **Googol**, en español **Gúgol**, para bautizar al descomunal 10^{100}, un 1 con 100 ceros adelante. Kasner consultó al pequeño y a su hermano Edwin: "¿qué nombre con muchas oes darían a un número inmenso, enorme?". Él chico Milton ipso facto dijo: "**¡Googol!**".

[1 Enforex, "la mecha es la cuerda o filamento usado en velas o mecheros, que se gastan con bastante rapidez", https://www.enforex.com/espanol/cultura/vocabulario-expresiones-rapidez.html]

La crónica ***Googol-Google*** es muy atrayente. Inicia con el encuentro de 1995 Larry Page y Sergey Brin, en la *Universidad de Stanford*, para adelante diseñar el potente motor de búsqueda **W**ord **W**ide **W**eb, WWW, que bautizaron "***BlackRub***", evolucionándolo a ***Google***, inspirado en el gran número. La idea de que el nominativo se debe a un error al escribir ***Googol*** es un mito, ya que el matemático David Koller, compañero de los cofundadores de la marca, relató que en una "Lluvia de Ideas" el estudiante Sea Anderson propuso "***Googolplex***", por **Googol** y **Complex**; pero, Page replicó: "¡mejor Googol, es más corto!". A la postre, la página fue registrada como www.google.com, según lo reseña www.debate.com.mx "Por qué Google se llama Google".

Googol es de los ***Grandes Números*** y está en la Tabla 2-1, acompañado de muchos otros, como el ***Decillón***, que es un 1 con 60 ceros al frente, que le queda chico al **Googol**, pero no al ***Centillón***, porqué este es un 1 con 600 ceros. Claro que se agregan otros súper grandes, como el **Shannon**, que implica la potenciación de 10 al exponente ciento veinte (1 con 120 ceros) y que es una estimación de

Tabla 2-1 Grandes Números con su representación exponencial Millón, Billón, Trillón Googol, Shannon, Centillón, Googolplex y otros				
Nombre hispanohablante	Representación		Cantidad de ceros	Nombre Estadounidense
	Exponencial	Numérica		
Millón	10^6	1000000	6	Millón
Billón	10^{12}	1000000000000	12	Trillón
Trillón	10^{18}	1000000000000000000	18	Quintillón
Decillón	10^{60}	1000..00000000000000	60	Nonadecillón
Mil Decillón	10^{63}	1000..0000000000000	63	Vigentillón
Googol	10^{100}	1000 ...000000000000	100	Googol
Shannon	10^{120}	1000...000000000000	120	Shannon
Centillón	10^{600}	1000...000000000000	600	....
Googolplex	10^{Googol}	1000...000000000000 00000000000...000000	Infinidad que no se acabarían de escribir	Googolplex

la complejidad del árbol del juego de ajedrez, calculada por primera vez por **Claude Shannon**, el padre de la teoría de la información. El cómputo del número se detalla en la publicación de Shannon: "Programando un computador para jugar ajedrez".

La lista se cierra con el **Googolplex**, el más colosal, pues no hay caso ir más allá, porqué a **Googolplex** "no te lo acabas de escribir", se le diría a un mortal, "por más longevo y matadito que seas". No obstante, lo exorbitante de ese Número Natural **¡siempre habrá otro mayor!**

2.3.3 Conjunto de Números Reales: Naturales, Enteros, Racionales e Irracionales

Adrede se hizo el vínculo **Googolplex-Número Natural**, porqué es magnífico revivir que en la Primaria, Secundaria y Bachillerato se remacha con tozudez la materia de "**Conjuntos**", haciendo hincapié en el "*Conjunto de los Números Reales*", con sus subconjuntos: **Naturales, Enteros, Racionales e Irracionales** (Ver Figura 2-4, que se explica por sí misma) Cada subconjunto tratado por separado adquiere la categoría de conjunto; por eso, la Tabla 2-1 es un subconjunto del *conjunto de los*

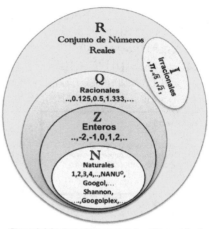

Figura 2-4 Conjunto (Universo) de los Números Reales

Números Naturales. Googol (10^{100}) rebaza el Número de Átomos de la parte Observable de Nuestro Universo, que ronda los 10^{80}, un uno con ochenta ceros. Pero, **Googolplex** es exorbitante, desmesurado, es 10 elevado al **googol**; es decir:

1 **Googolplex** = $10^{googol} = 10^{10^{100}}$; "¡Wow!"

2.3.4 Potenciación y despliegue de Googol y Googolplex

Entender números tan enormes puede ser sencillo, sí se usan relaciones algebraicas elementales y se recuerda que la **potenciación**[1] es elevar a un **exponente** una base (número, por ejemplo) denotando multiplicarla repetidamente por sí misma, tantas veces como lo mande el **exponente**, arrojando la **potencia** o resultado.

[1 Aurelio Baldor, Algebra, Grupo Editorial Patria, última edición]

La primera ley de la **potenciación** señala que el producto de potencias con igual base, distinta de cero, implica mantener esa base elevada a la suma de los exponentes. Ejemplos:

$10^2 = 10x10 = 100$

$10^6 = 10^2 x 10^4 = 1,000,000$; es un millón, o sea un 1 con 6 ceros adelante.

Arriba dice distinta de cero. Eso es porqué "toda base que no sea cero elevado al exponente 0 es igual a 1"; i.e., $a^0 = 1$ o bien $b^0 = 1$, donde las bases a y b son no nulas, como se apuntó.

La segunda ley es sobre el "*cociente o división de potencias*" con la misma base, en cuyo caso se mantiene la base, pero elevada a la diferencia de exponentes:

$$\frac{a^m}{a^n} = a^{m-n}$$

La tercera ley es la "**Potencia de una potencia**", $\left(10^{(m)^n}\right) = 10^{m.n}$

Con $A = 10^2 = 10x10 = 100$ y $B = 10^A$ (indica: B es igual a 10 elevado al exponente A, que es 100). Entonces:

$B = 10^A = 10^{10^2} = 10^{100} = $ **1 Googol**

$= 1\ 0000000000....0000000000 $ (1 con cien ceros)

1 Googol $= 10^{98+2} = (10^2)(10^{98}) = A(10^{98})$

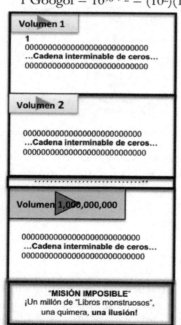

Volumen 1

1
0000000000000000000000000000
...Cadena interminable de ceros...
0000000000000000000000000000

Volumen 2

0000000000000000000000000000
...Cadena interminable de ceros...
0000000000000000000000000000

....

Volumen 1,000,000,000

0000000000000000000000000000
...Cadena interminable de ceros...
0000000000000000000000000000

"MISIÓN IMPOSIBLE"
¡Un millón de "Libros monstruosos",
una quimera, **una ilusión!**

Tabla 2-2 Biblioteca Quimera Googolplex

Lo que sugiere "escribir **Googol** en 100 renglones, el primero con un uno y 98 ceros al frente y los 99 restantes con 98 ceros". Esta misma estrategia podría tratar de emplearse para manuscribir el descomunal **Googolplex**, solo que esta proeza sería una "**Misión Imposible**". Por ejemplo, si fueran un millón de libros, cada uno demandaría una "cadena de ceros" interminable, que no cabrían en las páginas, por más que se agregarán (el primer libro se encabezaría con el 1 requerido). Abajo se muestra un 10 elevado a una cadena de 100 ceros, 6 más 94. El primer número conduce al millón de libros.

1 Googolplex $= 10^{Googol} = 10^{10^{100}}$

$= 10^{10000000000 .. 0000000000\ 0000000000}$

$= 10^{6+10000000000 .. 0000000000\ 0000}$

$=(10^6)(10^{10000000000 .. 0000000000\ 0000}) = 10^6(X)$

Siendo "X" los "Libros Monstruosos" (Ver Tabla 2-2).

2.3.5 Escenarios de los grandes números

El video[1] "¿Qué pasará en los años de Googolplex?" explica que los científicos no cesan de predecir eventos alejados en distancia y tiempo, como la inminente explosión de la vecina gigante roja Betelgeuse, Figura 2-0, para tornarse supernova, uno de los más violentos y energéticos acontecimientos del Universo.

[1 https://www.youtube.com/watch?v=dK-mQLKWLKU]

La estrella, localizada en el Brazo de Orión de la Vía Láctea, a unos 700 años luz de la Tierra, lucha por su vida "quemando sus restos de hidrógeno en una cáscara, alrededor del núcleo de helio inerte"; combustible que agotará en unas pocas semanas o cien mil años, no se precisa. Se presume la ausencia de riesgo para la Tierra, a más de disfrutar de un espectáculo cósmico sin igual.

A la Tierra le quedan 4 mil 500 millones de años, porqué el Sol en ese tiempo se volverá gigante roja y luego, en otros 5 mil 500 millones más, se "le verá" como **enana blanca**. Es inminente la unión de la Vía Láctea y Andrómeda en 4 mil millones de años, evento bautizado "Milkómeda", o "Lactómeda", una galaxia elíptica enorme. Los Terrícolas no tienen alternativa deberán eventualmente "**aterrizar y colonizar**" algún exoplaneta, para prolongar su existencia, logrando dejar la Tierra antes de que sea inhabitable.

Los exoplanetas tienen la factibilidad de habitarse y orbitan alguna estrella, como la Tierra. En el próximo Libro, primera parte, se expondrá la "**Inherencia del espacio-tiempo y la paradoja del viajero estelar**", suponiendo un viaje al Exoplaneta Alfa Centuri Bb, que órbita la estrella Alfa Centuri B, de la constelación Centaurus, que está a 4.37 años luz[*****] de la Tierra, o 41.34×10^{12} km = 41.34 billones de Km, un ¡gran número!, de forma que, para ir ahí se requiere lograr velocidades increíbles. Por ejemplo, yendo al 99% de la velocidad de la luz, el tiempo del trayecto en redondo, de los y las viajeras, serían unos 9 años terrestres; pero, para los mortales en la Tierra *¡representarían cerca de 64 años!;* entonces ese exoplaneta es quizá el más cercano. Por tal motivo, la búsqueda de lugares habitables implicará travesías de muchísimos años luz; serán "**¡aventuras estelares generacionales sin retorno a la Tierra!**", al menos para los que despeguen de aquí.

La Entomología[†††††] es compleja por estudiar a los insectos, el grupo de animales más diversos, con alrededor del millar de especies. Haciendo de lado los microbios y bacterias, esos animalitos son de los más copiosos del planeta y establecer cuántas hormigas se dispersan en él es un reto que queda en el misterio. Un dato de "Royal Entomological Society de Londres"

[*****] Un Año Luz es la distancia que recorre la luz al año. 1 Año Luz = 9.46 billones de km
[†††††] Deriva del griego éntomos "insecto" y logos "ciencia"

permite hacer una estimación. Esa Sociedad calculó la superficie terrestre con unos 10 mil millones de insectos por km². Como la superficie del planeta es 510,072,000 km² y 148,940,000 km² $\approx$ 149x10⁶ km², son de tierra (29.2 %) se puede tasar que (149x10⁶)(10x10⁹) = 1.49x10¹⁸ $\approx$ 1.5x10¹⁸; o sea, puede haber ¡*1.5 trillones de hormigas en la Tierra*!

Espectáculos. La batalla de los dioses, de la interesante Mitología Nórdica, que se trata adelante, ha motivado exitosas series del séptimo arte. Tan solo una saga de 20 filmes, de 2008 a 2018 resultó de las más vistas, por los amantes del cine, televisión y "streaming", que refiere a cualquier contenido de medios, ya sea en vivo o grabado, para su disfrute en computadoras y aparatos móviles, vía internet. Por información en los medios de difusión de internet se sabe que solo "Thor: Rangarok", de 2017, colectó **853 millones de dólares** USD y en total de la saga ronda 17505 millones de dólares; **17.505 billones**, diría algún "gringo"####.

Población. La población mundial[1] a mayo de 2022 ronda 7 mil 947 millones y la de México[2] a 2020 los 126 millones, cifras que caen en los *Grandes Números*.

[[1] https://www.worldometers.info/es/poblacion-mundial/;
[2]datos del INEGI, institución mexicana con información y estadísticas]

2.3.6 Corolario Googolplex

El número de átomos del Cosmos es impredecible, porqué también lo es

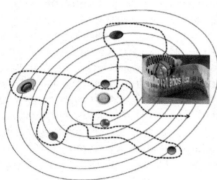

Figura 2-5 Googolplex: "Un Rollito Interminable"

el tamaño de éste. Se ha calculado que hay 10⁸⁰, pero solo para lo observable, que corresponde a un diámetro de 93 mil millones de años luz. **Googol** cubre con suficiencia esa cantidad, pero le queda chico a la cuantía total de ellos de *Nuestro Universo*.

Googol y Googolplex hacen recordar la explicación del gran *Carl Sagan* en un inédito video[1]. Por eso se incluye la Figura 2-5 Googolplex "Un Rollito Interminable", que hace sentido al fantasear con una cinta métrica que se puede desenrollar de forma increíble; por decir, más de 93 mil millones de años luz*. Imaginariamente, sobre ese flexómetro se grabó el colosal

---

No es ofensiva, proviene del relato popular que dice que "¡*Green go home!*" fue el grito de los soldados mexicanos a los americanos, en alusión a su uniforme verde, durante la intervención estadunidense en México, entre 1846 y 1848

Googolplex, ese 1 con infinidad de ceros al frente. La cinta es tan, tan larga que hace factible conquistar otra "Misión Imposible"; mesurar, de manera directa, la distancia del diámetro del universo observable*. El carrete se extiende saliendo de casa, se camina por el colegio, se da vueltas a la Tierra, se sigue la travesía por el Sistema Solar, ¡se tiende, más, más! y el ***Rollito Googolplex*** no se acaba, ¡*da para más*!

[¹inspirada en Carl Sagan: https://es-la.facebook.com/CienciaAMC/videos/n%C3%BAmeros-googol-y-oogolplex/700389730316385/]

2.4 Panorámica Catastrófica

2.4.1 Presentación

Establecer una panorámica atinente no fue simple, se lucubró y lucubró. La dificultad gravitó en tratar de adornar una "*escena de destrucción tremendamente espantosa*", que es lo que constriñe el término "***Apocalipsis***; un incierto desenlace terminal, rodeado de polémica, ficción y fantasía. ***Apocalipsis*** también refiere al "último libro canónico del Nuevo Testamento, que contiene las **Revelaciones** escritas por el apóstol San Juan, alusivas en su mayor parte al fin del mundo. La solución electa al dilema fue poner parte de dos bellos poemas: "Al Universo" y "El principio y el fin", Tabla 2-3. Al primero, adaptado para nuestra obra, lo inspira la

"Al Universo"

¡Oh universo hermoso, ...que exuberante eres!
Tú tienes sol, agua, mares, estrellas, galaxias, seres,
Tú todo lo conoces y los humanos lo ignoran todo.
¿Porqué tú no descubres toda la verdad de la Génesis?
¿Porqué tú no revelas cuál es nuestro destino, el final?
Más solo se que un día y en la penumbra total
tu continuarás tu acelerada expansión estirando el espacio.
Dejadme llamarte aquí desde mi libro **de la Génesis al fin**
¡el primer vagabundo que piso con ferviente fe este mundo!
¡Oh! Universo nuestro tú brillas más que todo el Multiverso

Juan Carlos Acuña ..
Con una adaptación de Armando Frausto

"El principio y el Fin "

El principio, fue la luz,.......luego fue el sonido,
brotaron del caos los cuerpos celestes;
esto conllevó a la vida y a la muerte,
trayendo consigo el peso del tiempo;
surgieron reinos: bacterias, vegetales, hongos y animales.

Luego llegó el cerebro, resultando en una humanidad,
trajo consigo la inteligencia y a la vez la ignorancia,
la bondad y la maldad,
nació la idea de la divinidad:
mitos, emociones, percepciones,
religión, ciencia, arte, poesía y filosofía;
toda cuestión sobre la existencia.

El fin, fue la consciencia...

Gustavo Espinoza

Tabla 2-3 Poemas: "Al Universo" y "El principio y el fin"

hermosura y grandeza del cosmos, pleno de los más descomunales y atómicos componentes, acatando que sus entrañas son una fuente erudita de información; ahí seguro está la sapiencia sobre su creación, evolución y desenlace, admitiendo que los mortales, aún con la más ferviente invocación a la "σοφία", sabiduría, de ***Atenea***, entero, casi todo, o mucho lo ignoran. La segunda poesía versa que todo tiene un principio y un final, no hay perpetuidad.

El **Universo** y todos y cada uno de sus integrantes emanan y expiran, vía un evento catastrófico, para generar vida. *Vida* (*vita* del latín, viene del griego *bios*) biológicamente es la capacidad de nacer, crecer, reproducirse y morir. Pero, la palabra también vincula la **existencia**, que es "la duración de una cosa"; o sea, el período durante el cual el elemento es útil y se mantiene en funcionamiento. Adrede se cambió cosa por elemento, pero se podría emplear ente, entidad, o cuerpo, que son sinónimos. Así un **ente** es "lo que es, existe o puede existir", como el ser humano. La Tierra, el tercer planeta del Sistema Solar, es un cuerpo celeste, como todos los objetos que forman parte del universo; no importa el sentido "hay un principio y un fin".

Universo nuestro[§§§§§]

El amor por ti acompáñanos la eternidad,
admirando y amando cuanto hay en ti;
un sin fin de estrellas y mundos,
acurrucados navegan más allá de nuestra Vía Láctea,
la única que la ciencia concebía.

Llego un día de aquel veintinueve del siglo ya pasado,
que un espía de los cielos gustoso diría,
"son mucho más las hermosas galaxias,
que agitadas rondan el firmamento,
que por crecer con rapidez[******] no ceja,
¡Ah¡ cuánto inquieta conocer tu larga historia,
desde la génesis hasta la oscuridad del fin.

A mitad de la nada morasteis, apretujado en una pequeña nuez[††††††]
un "átomo primigenio", "un huevo cósmico"
inestable en un santiamén lanzaría completa su energía,
un Big Bang riendo burlón alguien diría[‡‡‡‡‡‡]…
"Para criaturas pequeñas como nosotros, la inmensidad sólo es soportable con amor". Carl Sagan

---

[§§§§§] Esta narrativa complementa la abstracción del Universo propuesta en el Prólogo
[******] Edwin Hubble en 1929 descubrió que el cosmos se expande, exponiendo que además de la Vía Láctea había muchas más galaxias. El astrofísico George Lemaître a partir de teoría de la Relatividad de Albert Einstein demostró en 1927 la expansión del universo
[††††††] El universo en una cáscara de nuez ("The Universe in a Nutshell") es un libro de Stephen Hawking que trata sobre el universo y todo aquello que se encuentra a su alrededor
[‡‡‡‡‡‡] Fred Hoyle, detractor de la teoría del átomo Primigenio, lo bautizó a éste como Big Bang

2.4.2 Niveles de Severidad Catastróficos

Catástrofe procede del latín *catastrŏphe*, un vocablo griego que significa "**_destruir_**" o "**_abatir_**" y refiere un **suceso fatídico** que altera el orden regular de las cosas. La catástrofe puede ser **natural**, como un tsunami, una sequía, la pandemia COVID-19, una inundación, etc., o **provocada** por el hombre, como la Segunda Guerra Mundial, WWII[§§§§§§], y otras más que se abordarán adelante.

En "Las Amenazas De Nuestro Mundo" ("A Choise of Catastrophes") Isaac Asimov (1939-1992)[*******] interpreta que catástrofe significa "**_poner lo de arriba abajo_**" y hace notar que en su origen describió un desenlace, o la culminación de una obra o representación dramática y, sencillamente, podría ser de naturaleza feliz o triste, aunque hoy en día se relacionan más los remates trágicos.

"En una comedia, el clímax es el final afortunado. Tras una serie de enredos y tristezas, todo el argumento se **invierte** cuando los amantes súbitamente se reconcilian y se unen.

Así que la catástrofe en la comedia puede ser un beso o una boda. ¡En una tragedia no! El colofón es triste, porqué después de esfuerzos interminables, se produce el desastre, al descubrir el héroe que las circunstancias y el destino lo han derrotado y el guion lo puede llevar a la muerte". Catástrofe se utiliza ahora para describir cualquier final, de naturaleza desastrosa o calamitosa. La idea es tratar este tipo de historia; i.e., liquidar algo boyante, como el cosmos, de forma fatídica u ominosa. Asimov cuestiona: ¿El final de qué? La duda la resuelve la vasta investigación científica, que este siglo XXI ha cobrado enorme interés, relativa al tema del Apocalipsis; ¡*el final de los terrícolas, claro*! El mismo autor, de origen ruso, nacionalizado estadounidense, cataloga cinco niveles catastróficos:

Primer Nivel.

Catástrofe que acontecerá cuando el cosmos acabe, o cambie sus características, tornándolo inhabitable a sus moradores. Los terrestres no podrían existir, ni algún otro tipo de vida. Este suceso se trata adelante, pero con el enfoque de "la culminación de nuestro Universo" y no la de sus moradores.

[§§§§§§] WWII fue un conflicto global entre 1939 y 1945, que vinculó la mayor parte de las naciones, agrupadas en dos alianzas: los aliados y las potencias del eje
[*******]Su obra más famosa es la **Saga de la Fundación**, conocida como "**Trilogía o Ciclo de Trántor**", que forma parte de la serie del **Imperio Galáctico**, cuya capital es el planeta ficticio **Trántor**]

Segundo Nivel.

Será cuando el Sol muera, o haga imposible la vida en el **Sistema Solar**. Lo que le queda de vida al Astro Rey, como lo vemos, ronda los 4.5 mil millones de años; pero claro, los terrestres no llegarán hasta allá, de no haber migrado a otros mundos, en los próximos 2 siglos.

Tercer Nivel.

Si el Sol siguiera brillando con su benigna intensidad y la que padece la destrucción masiva es la Tierra, haciendo imposible la vida, se alcanzaría este nivel.

Cuarto Nivel.

Aunque el planeta no fuese destruido, sí los terrícolas llegan al término de su existir implicará una catástrofe de cuarto nivel.

Quinto Nivel.

Hecatombe "le queda como anillo al dedo", pues es una catástrofe que extermina un gran número vidas. También lo será sí la vida humana siguiera, pero algo liquida a la civilización, interrumpiendo cualquier avance tecnológico, condenándola a una vida solitaria, mísera, desagradable y corta, durante un período indefinido.

2.5 Final Mitológico del Universo

2.5.1 Preámbulo

Este apartado refiere a la **mitología nórdica** y para comprenderla es bueno saber ubicar a **Escandinavia**, ya que se trata del punto neurálgico a partir del cual se relatan cada uno de los distintos mitos, leyendas e historias que han sido incorporadas dentro de este grupo mitológico. **Escandinavia** es una región geográfica y cultural del norte de Europa, compuesta por los países nórdicos germánicos: Dinamarca (que incluye las Islas Feroe, el "archipiélago de corderos") Islandia, Noruega y Suecia. La Figura 2-6 muestra como **Escandinavia** es una gran península, precisamente al norte de Europa, que está ubicada entre el Mar Báltico, Golfo de Botnia, Mar del Norte, Océano Atlántico, Océano Ártico y Dinamarca, integrada con Noruega y Suecia; pero, debido a razones antropológicas, ideológicas y económicas, también se incluyen en la actualidad a Finlandia e Islandia, catalogando a estos últimos como países Nórdicos. Esa figura exhibe el Círculo Polar Ártico, uno de los 5 paralelos (líneas imaginarias) de la Tierra, que cruza por diferentes países, como Canadá, Rusia, Finlandia y Dinamarca, recordando que esta último integra Islandia, Noruega y Suecia. En la región norte del círculo polar ártico, durante el **solsticio de verano** el Sol no se pone durante las 24 horas; en cambio, en el **solsticio de invierno**, el Astro Rey "brilla por su ausencia" durante el día entero.

Permita el lector elucubrar que ese fenómeno solar, que cruza la *cuna vikinga*, inspiró la Leyenda *Ragnarök*, o **Batalla de los Dioses**, como se explaya adelante, que es un **mito** porqué relata acontecimientos prodigiosos, protagonizados por seres sobrenaturales extraordinarios" (deidades, gigantes de fuerza sobrenatural y fieras) que riñen a muerte, después de un invierno perpetuo de tres años seguidos, con densas nevadas y

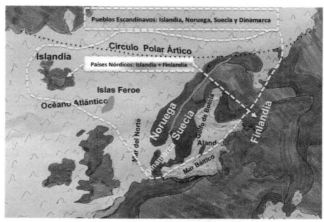

Figura 2-6 Escandinavia, una región geográfica y cultural del Norte de Europa, cuna de la Mitología Nórdica.

gélidos vientos, lo que generaría otras calamidades hasta la aniquilación de todo, incluyendo a los dioses y hasta el **Universo** mismo.

La mitología nórdica, es fabulosa, extraordinaria, tiene su origen en la religión de los vikingos y la de sus predecesores nórdicos, que es un conjunto de creencias y leyendas creadas por los pueblos germanos de Escandinavia, en el Norte de Europa. Según sus convicciones místicas en el origen de todos los tiempos había un gigantesco vacío, llamado el *Ginnungagap*, un abismo sin fondo ni luz y dos materias, el fuego y el hielo, que pronto se mezclaron en esa descomunal oquedad, dotada de "la nada", para engendrar el **Universo** y al gigante *Ymir*, gestándose junto a él la famélica *Audhumbla*, o Audumia la "Vaca Oscuridad".

El "Vaho Divino" procede de *Audhumbla*, porque ese animal lamió el hielo pegado del enorme *Ymir*, creándose el Dios primogénito *Buri*, quien es padre de *Bor*, del que se gestaron los principales dioses mitológicos, los Æsir y *Odín*, reconocido este último como el principal de todos los dioses nórdicos y padre de otros muchos como *Thor*, el Dios del Trueno y *Balder*, el Dios de la Paz, la Luz y el perdón. *Odín*, con la ayuda de sus hermanos mataron a aquel primer gigante *Ymir* y con su cuerpo edificaron *Midgard*, la tierra media, uno de los nueve mundos del Universo mitológico Nórdico. Esos nueve mundos estaban en ramas distintas del colosal fresno perene *Yggdrasil*. Los grandes dioses eran los Æsir y las *Asyngu*. *Odín*, con su esposa *Frigg*, deidad de los cielos, el hogar, el amor y de la fertilidad, gobernaba desde *Asgard* uno de los nueve mundos del Universo. Sí que había divinidades: *Thor* el dios del Trueno; *Balder* de inteligencia y belleza;

Tyr valor y guerra; Gragi caracterizaba elocuencia; y muchos más. *Idun* la esposa de esa última deidad resguardaba unas manzanas mágicas para que los Altísimos Nórdicos no envejecieran. La única forma de acceder al mundo *Midgard* era por el puente de arcoíris ardiente **Bifröst** (también **Bilröst**) resguardado con recelo por *Heimal*, el "Guardían de los Dioses". La colorida y resplandeciente pasarela unía *Midgard*, mundo de los hombres, con el de los dioses[1].

[1]Andoni Garrido, "Mitología Nórdica", del Canal "Pero eso es otra historia", https://www.youtube.com/watch?v=4SX7aXb5vfo

El tema que aborda este capítulo se liga a la incertidumbre, pues hoy en día es imposible develar el misterio de cómo y cuándo el **Universo** y sus integrantes morirán. Lo que es válido asegurar es que "todo principio rigurosamente tiene un final", porqué el **Universo**, sus mundos y todos los que ahí habitan se rigen por leyes de la naturaleza y la culminación de cada uno será, sin duda, un evento catastrófico, calamitoso. Por eso se desarrolla un poquitín más esta introducción mitológica, que trata de motivar la atención y adentrarse en lo que dicta la ciencia sobre el tema y conocer la verdad, ¿la verdad de quién?, "¡de la ciencia obviamente!

La convicción de que el Universo entero llegará a su término es muy antigua y representa una parte importante de la mitología, ya que, a través de los mitos originarios de los pueblos escandinavos, se ofrece un panorama especialmente dramático de la culminación "del todo", incluyendo claro al mundo de los mortales. De la Mitología Nórdica aflora *Ragnarök*, palabra que en español significa "el destino final de los dioses", que acontece por la batalla campal decisiva entre el bien y el mal, marcando el fin de los tiempos, el ocaso de los dioses y el desenlace del mundo, ¡de todo! Esta lucha va a ser emprendida por los gigantes del fuego liderados por **Surt**, líder de éstos, y por los grandes dioses **Æsir**, los dioses más antiguos de *Asgard*, quienes son liderados por **Odín**, su dios principal y gobernante de este mundo, debiendo destacar que a los **Æsir** se les unirá también los **Jotuns**, tradicionalmente enemigos de los dioses Æsir, una raza de gigantes con fuerza sobrehumana, comandados por el dios **Loki**, hijo de una pareja de esos gigantes y considerado el Dios del Engaño (por sus actos "¡un reverendo demonio!") pero, además, en términos religiosos, no se acepta como deidad al no tener seguidores.

2.5.2 Epílogo Mitológico Nórdico

No solo los dioses, gigantes y monstruos tendrán participación en esta batalla apocalíptica, todos se sumarán y no solo se liquidarán entre ellos, sino que arrasarán con los mundos, que quedarán reducidos a cenizas y la mayor parte del Universo será enteramente destruido, **sino es que todo** y ¿eso para qué?: para esperar un nuevo ciclo, con un Universo joven, con soles más ardientes y luminosos y más, mucho más, ¡*vida nueva*!

¡*Todo fluye, nada permanece!* Heráclito de Éfeso (Filósofo griego; 540 a. C. – 480 a. C.)

2.6 Universo y Termodinámica

2.6.1 Presentación y Conceptos
Este tema es de vital importancia, porqué a través de los cuatro principios de esa ciencia, focalizada en el calor y la fuerza, se comprenden mejor las leyes que gobiernan al cosmos. Se hará una exposición breve de conceptos claves, para un mejor entendimiento del papel que juega la energía en el mundo, lo que mueve al Universo y los escenarios probables de su final.

Peter Atkins en una de sus obras[1], explica que el origen de esa ciencia es el estudio de los motores y el precursor de estos aparece en 1650 cuando el físico alemán *Otto von Guericle* (1602-1686) construyó la primera bomba de vacío; pero, su gran impulso lo da el siglo XIX, por la gran penetración de grandes máquinas de vapor, habiendo sido fabricada la primera de forma comercial en 1698 por el mecánico inglés *Thomas Savery* (1650-1715).
[1Peter Atkins. Las cuatro Leyes del Universo, Libros Maravillosos, http://www.librosmaravillosos.com/lascuatroleyesdeluniverso/index.html. U acceso 8/10/2022]

La *Termodinámica* debió ser uno de los pilares de la *Revolución Industrial*, que emerge en el siglo XVIII en Inglaterra. Esa rama de la Física, que estudia las relaciones entre el calor y las restantes formas de energía, tiene dos enfoques:

- *Termodinámica Clásica*: Se encarga del estudio de los fenómenos a nivel *macroscópico.*
- *Estadística*: Se centra en el análisis del conjunto de moléculas, que constituyen la sustancia bajo observación, nivel que no es objetivo de la sección.

La palabra Termodinámica procede del griego **therme** (calor) y **dynamics** (*fuerza*) y se define como la rama de la *Física* que se enfoca en el estudio de los vínculos existentes entre el **calor** y las demás variedades de **energía**, analizando los efectos que poseen a nivel **macroscópico** las modificaciones de la **temperatura, densidad, masa** y **volumen** en cada **sistema**.

Un **sistema**, es un conjunto de elementos relacionados que funcionan como **un todo**. Un sistema físico o material implica que tiene existencia concreta, tangible y perceptible, pero también puede ser de tipo abstracto o conceptual: un modelo matemático, un programa de computadora, la suite de Office, una API, etc. Cada uno de los elementos del **sistema** puede funcionar de manera independiente, constituyéndose en sí mismo en un sistema, con sus propios integrantes. Un **sistema termodinámico** es una parte de un universo que se aísla para su estudio.

Nuestro Universo es el sistema que contiene todo lo demás. Es imposible saber cuántos integrantes tiene, pues son miles de millones de estrellas con sus planetas y otros cuerpos celestes.

El cuerpo humano es un *sistema* con vastedad de componentes, que analizados por separado a su vez lo son. Como el *Sistema Nervioso* que dispone de: cerebro, cerebelo, bulbo raquídeo, médula espinal y terminaciones nerviosas.

Se estima que un mortal varón de 30 años, de 1.70 m. de altura, 70 kg de peso y una superficie corporal de 1.85 m², tiene unas 37.2×10^{12} células, o sea 37.2 billones de células (37.2 trillones para EUA)[2]

[2National Geographic, Y tú, ¿cuántas células tienes?, 06/10/2022, www.nationalgeohraphic.com.es, Último acceso 20/10/2022]

Hay tres tipos de sistemas nominados *abiertos*, *cerrados* y *aislados*, los que se muestran en la Figura 2-7, esquema que incluye un cuadro conceptual, que contiene el **S**istema Termodinámico que es <u>el o los objetos, o sustancia, aislados para estudio</u>. Se identifican allí la **F**rontera y el **E**ntorno. La conjunción de las tres partes conforman al **U**niverso (las letras mayúsculas resaltadas son los

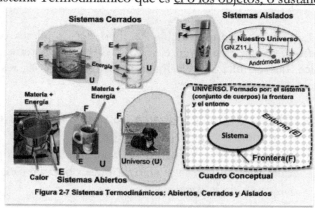

Figura 2-7 Sistemas Termodinámicos: Abiertos, Cerrados y Aislados

identificadores en la figura). Se supone como ejemplo una olla con agua a la flama. Ese pote con el líquido constituye el sistema, sus paredes son la frontera y la estufa que da el fuego es el entorno. El universo del ensayo puede considerarse como la estufa, las paredes de la olla y el líquido; todos ellos con la cocina; o también es correcto considerar que el universo no tiene algún límite.

Khan Academy, aborda así este asunto: "¿Qué tipo de **sistema** eres

abierto o **cerrad*o*?** y explica que no es una cuestión filosófica sino ***física***". Para entender las leyes de la Termodinámica es menester abordar los sistemas físicos abiertos y cerrados.[1]

[[1]Khan Academy, Las Leyes de la termodinámica, https://es.khanacademy.org/science/ap-biology/cellular-energetics/cellular-energy/a/the-laws-of-thermodynamics, U. acceso 09/10/2022]

Un individuo, como cualquier ser vivo, es un ***sistema abierto***, es decir, intercambia materia y energía con su entorno. La perrita "Blacky" de la Figura 2-7 toma energía química en forma de alimentos y realiza ***trabajo*** sobre el entorno al moverse, ladrar, caminar y respirar. Un vehículo es otro ejemplo de ***sistema abierto***, pero hay muchos más: una olla de agua, las plantas, un reactor nuclear, una hoguera, los baños sauna, una composta, por mencionar algunos.

Un ***sistema aislado*** no intercambia ni materia ni energía con su entorno, es decir se encuentra en equilibrio termodinámico, siendo el más perfecto ***nuestro Universo***, ya que no se dan intercambios de energía, en ninguna de sus formas ni materia, ya que después de "una frontera no limitada" ("universo finito y sin embargo no limitado", concepción de Albert Einstein) está "***la nada***", no hay algo más allá; ¿o sí?, ¡tal vez existen otros universos! El concepto de ***la nada*** se abordará con amplitud en el Capítulo 4.

Dentro de los sistemas aislados, en el entorno cotidiano, se consideran los termos, pues sus paredes son **adiabáticas** como para aceptar que los "cambalaches" de **energía calorífica** sean despreciables y que tampoco pueden intercambiar energía en forma de trabajo.

Finalmente, un **sistema cerrado** es el que puede intercambiar **energía,** pero no **materia** con otros de su universo, si los hay. Hay una gran variedad de esta clase de sistemas: botellas de líquidos cerrados, latas de alimentos, contenedores de gas, etc. Si **nuestro Universo** fuera cerrado implicaría que podría intercambiar energía, con otros del Multiverso, pero esto no se puede saber, es un misterio, así que lo suponemos aislado.

2.6.1.1 Transformaciones energéticas en un sistema

Un sistema tiene una **energía interna** que puede acumular. No se debe confundir con la **energía transferida** durante los procesos, que se manifiesta en calor o trabajo. Por eso arriba dice que la perrita **Negra** realiza **trabajo** sobre el entorno al moverse y ladrar y que el termo no puede intercambiar energía en forma de trabajo.

La **energía interna** es la suma de toda la energía del movimiento de los átomos o moléculas en el sistema y es una función de estado, una propiedad que depende solo del estado del sistema. Sobre la energía transferida, podemos definir:

> *Calor.* Es la cantidad de energía que fluye de un cuerpo a otro de forma espontánea, debido a su diferencia de temperatura. El *calor*, que <u>no es una propiedad del sistema</u>, es una forma de energía, que está en tránsito.

> **Trabajo.** Es la cantidad de fuerza multiplicada por la distancia que recorre dicha fuerza y <u>no es una propiedad de un sistema</u>.

2.6.1.2 Propiedades de los sistemas

Explica Peter Atkins, en su obra "Las cuatro leyes del Universo", referida antes, que las propiedades de un sistema dependen de las condiciones que presente. La **presión** de un gas pende del **volumen** que ocupa, pudiéndose dar un cambio de este si las paredes del sistema son flexibles, al estirarse como las de un globo que se infla, o también por tener una o más partes móviles que alteran el volumen, función representada por un émbolo y unos globos. Ver Figura 2-8a y 2-8b.

Otra propiedad de los sistemas es la **extensiva** que obedece a su cantidad de materia. Entonces, el peso de un cuerpo es una característica **extensiva** y lo es también su **volumen**. Por ejemplo, como un bloque cúbico de 1 m^3 de hierro pesa 7.25 toneladas, el de 2x2x2 o bien 8 m^3 pesa 8x7.25 = 58 toneladas, dejando claro que el volumen y el peso aumentaron 8 veces, ver Figura 2-8c.

A diferencia de una propiedad extensiva, la *intensiva* no es afectada por la cantidad de materia. La *temperatura* y la *densidad* son *intensivas*.

Si en la olla de la Figura 2-7 hay dos litros de agua y se escurre una parte a la taza, las "aguas" en ambas tendrán la misma *temperatura*, independientemente de los volúmenes.

La densidad de los bloques de hierro de 1 m^3 y 8 m^3 tienen la misma *densidad*, sin tener que ver el volumen y el peso.

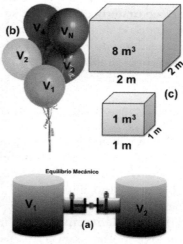

Figura 2-8 Propiedades de los sistemas. La presión de un gas depende del volumen

Para un gas, si la *temperatura* (T) es constante, existe una relación inversamente proporcional entre la *presión* (P) y su *volumen* (V) lo que implica que <u>a mayor presión menor volumen y viceversa</u> (*Ley de Boyle*). No obstante, si la presión se mantiene fija, <u>el volumen es dependiente directo de la temperatura</u>; o sea, si esta crece el volumen también lo hace y sí T baja V responde así (*Ley de Charles y de Gay-Lussac*). La Figura 2-9 ilustra estas leyes, para lo cual se representa

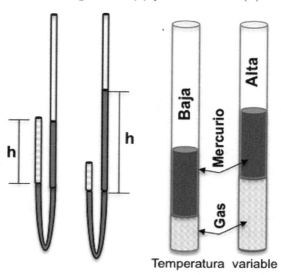

Figura 2-9 Gases: Relaciones T, P y V

un instrumento provisto de una columna de mercurio que ejerce más o menos presión al gas y un tubo de ensayos sometido a una temperatura variable, con otra columna de mercurio inalterable que mantiene la presión.

La temperatura es una magnitud física que refleja la cantidad de calor, ya sea de un cuerpo o del ambiente.

Está relacionada con <u>la energía interior de los sistemas termodinámicos,</u> de acuerdo con el movimiento de sus partículas y cuantifica la actividad de las moléculas de la materia: <u>a mayor energía sensible, más temperatura</u>.

El *estado*, la *solubilidad* y el *volumen* de la materia penden de la temperatura, como el agua que arriba de 100 grados centígrados ($^\circ$C) es gaseosa y debajo de cero es sólida. Las escalas comunes de medición de temperaturas se muestran en la Figura 2-10. Los grados centígrados se deben a **Anders Celsius** (1701-1744) quien consideró que el agua se congelaba a <u>100 grados y hervía a 0 grados</u>, totalmente opuesto a lo que hoy se acepta; i.e.; **0 y 100 $^\circ$C.**

El fabricante de instrumentos **Daniel Fahrenheit** (1686-1736) en 1724 propuso la escala que lleva su nombre, siendo el primero que empleó mercurio en los termómetros. Para la escala fijó dos puntos: la temperatura de una solución de salmuera como 0 $^\circ$F y la temperatura promedio del cuerpo humano como 96 °F, que después se recalibró a 96.8, para lograr 36 °C.

La otra escala corresponde al **Kelvin**, símbolo K. Fue creada en 1848 por **William Thomson**, primer **barón de Kelvin**, fijando 0 K en menos 273.15 °C. La unidad K se reconoce como la

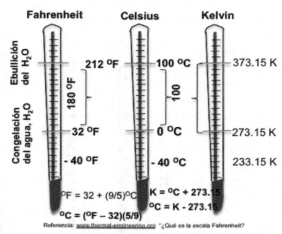

Figura 2-10 Escalas de Temperatura (°F,°C y K)

temperatura termodinámica, habiendo sido nominada en honor a Thomson en 1968. Hoy día se omite la palabra grado y no se antecede el superíndice como en los °C y °F.

2.6.2 Ley Cero: "Equilibrio Térmico". 1er Principio Termodinámico

Hasta aquí se han tocado aspectos claves del tema, que Peter Atkins trata en su obra "Las Cuatro Leyes del Universo". Como la **Termodinámica** se aboca a estudiar fenómenos que experimentan algún cambio de energía, cada ley tiene relación con alguna propiedad del sistema. La **Ley Cero**, numerada así por cobrar relevancia hasta el Siglo XX, vincula la temperatura, que refiere la cantidad de calor que hay en una sustancia o en el ambiente.

Previo a tratar el Equilibrio Térmico, motivo del primer principio de la Termodinámica, o **Ley Cero**, es útil tratar la **compresibilidad de las sustancias**, en sus estados gaseoso, líquido y sólido y el **Equilibrio Mecánico**. El volumen de un gas depende de la presión y la temperatura, como se explicó antes.

2.6.2.1 Compresibilidad de las sustancias

Existe la idea que el agua no se puede comprimir, **es incompresible**; ¡pero no!, en teoría cualquier cosa puede experimentar una disminución de volumen; es decir, juntar más sus moléculas subiendo su densidad. La Figura 2-11a muestra que las moléculas de los gases tienen mucho espacio, la de los líquidos menos y en los sólidos casi no existe, implicando que no se aproximan más por la repulsión entre electrones de las órbitas exteriores de átomos distintos. En función de esa estructura, podrá ser desde muy fácil, hasta súper difícil mermar el volumen de una sustancia, necesitando de una gran fuerza compresora para restarle espacio molecular, dominando la repulsión entre electrones, que llegará a ser gigantesca.

Por eso se acepta la **incompresibilidad** de los sólidos, aun qué algunos sí lo permiten en un grado muy pobre. La Figura 2-11c presenta un contenedor con agua, mismo que dispone de un mecanismo con un émbolo y un apoyo, para aplicar una enorme compresión, presión que debe resistir el container. Si se aplicara una gran fuerza compresora se podría lograr disminuir el volumen en alguna proporción, aunque fuese mínima[1].

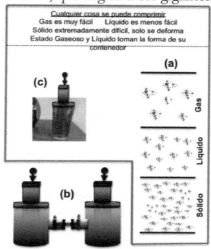

Figura 2-11 Equilibrios Mecánico y compresión de líquidos

[[1]Rana Fine, F. J. Millero, Compressibility of water as a Function of Temperature and Pressure, Journal of Chem. Phys. **59**, 5529, 1973; https://doi.org/10.1063/1.1679903]

Ese artículo señala que se ha comprobado, a partir de las mediciones de la velocidad de un cierto sonido, la compresibilidad isotérmica (proceso en que la temperatura permanece constante) del agua de 0 a 100 grados centígrados y de 0 a 1000 bar (0 a 1019.72 Kg-fuerza/cm^2).

2.6.2.2 Equilibrio Mecánico

Este principio ayuda a entender el **Equilibrio Térmico**. Las figuras 2-8a y 2-11b representan dos cilindros rígidos provistos de sendos émbolos acoplados con una barra circular rígida, controlada por unos pasadores que al ser liberados empujarán los émbolos para un lado o para el otro, restándole a un cilindro el mismo volumen que se adiciona al otro.

En ambos sistemas, sí dentro de sus cilindros hay un gas, o un líquido y se liberan los pasadores, sí la barra no se mueve quiere decir que las presiones de las sustancias en ambos contenedores son iguales, están en Equilibrio Mecánico. En cambio, sí la presión interna de un cilindro es mayor respecto a la de su pareja, la barra se moverá hacia ella y empujará al otro émbolo, aumentando y disminuyendo los volúmenes, hasta que las presiones se igualen, llegando al **Equilibrio Mecánico.**

Corolario

Sean tres cuerpos **A**, **B** y **C**, para los que se ha comprobado que **A** y **B** tienen la misma presión y que **B** y **C** así la tienen, lo que implica que la presión de **A** es igual a la presión de **C**; o sea, los tres cuerpos están en **Equilibrio Mecánico.**

2.6.2.3 Equilibrio Térmico. El motivo de la Ley Cero

Para explicar este principio, veamos la Figura 2-12, que representa **sistemas cerrados** (solo intercambian energía en forma de calor) de fronteras o paredes rígidas **diatérmicas**, por dejar pasar el calor fácilmente. Los componentes léxicos de la palabra diatérmica vienen del griego y son el prefijo **día** que significa a través y **thermos** (caliente). La parte de abajo muestra que los sistemas A y B se han puesto en contacto.

Suponga que se "juega mentalmente con la Figura 2-12 en su parte baja (sistemas A y B) de forma que:

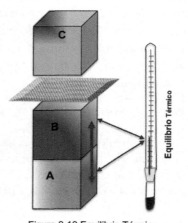

Figura 2-12 Equilibrio Térmico

➤ Estando los sistemas separados, se mide en cada uno X °C,
➤ luego se juntan y el termómetro marca otra vez X °C
➤ ello implica que **están en Equilibrio Térmico**, que es una propiedad importantísima de los sistemas.
➤ Como los sistemas A y B tienen paredes diatérmicas el cuerpo de más temperatura cede energía al otro en forma de calor hasta que se igualen las temperaturas, llegándose al Equilibrio Térmico y permanecerá esta situación mientras no intervenga otro en el proceso.

La Figura 2-12 también representa el sistema C, mismo que está encima de los otros, pero no interviene, al interponer un cojinete **adiabático,** que no permitir el intercambio de energía en forma de calor.

En esa misma figura, si para los tres cuerpos A, B y C, de paredes diatérmicas, se aplica la lógica de pensamiento del Equilibrio Mecánico se puede concluir que: Sí los Sistemas A y B están en Equilibrio Térmico y también B y C lo están, esto significa que A y C están en **Equilibrio Térmico.**

2.6.2.4 Corolario del principio de Equilibrio Térmico

Dos cuerpos con temperaturas distintas en contacto o separados por una superficie diatérmica o conductora transfieren calor del uno al otro hasta que las temperaturas, que inicialmente eran diferentes, se igualan. Es decir, si ponemos en contacto dos sistemas y uno está más caliente que el otro, la transferencia de calor hará que se llegue al Equilibrio Térmico, un estado en el que la temperatura de ambos objetos permanecerá igual, <u>mientras no intervenga un tercer cuerpo, o el ambiente, con calor distinto</u>.

2.6.3 Primera Ley de Termodinámica. Principio de la Conservación de la energía

La **energía** es el motivo de la Primera Ley. El concepto **trabajo** implica producir movimiento contra la acción opositora de una fuerza. Imaginar que lun cuerpo de 20 Kg se quiere alzar 180 cm, Figura 2-13. Al hacerlo se

¿Cuánto trabajo Normita?...¡Ni tanto!, solo:

$W = mhg$; $g = 9.80665 \approx 9.81$ m/s^2
$W = 20 \times 1.80 \times 9.80665 = 353.0394$ Joules

Figura 2-13 Trabajo realizado al alzar un objeto desde el piso

vence la fuerza de la gravedad que se ejerce a esa masa. Todo trabajo es equivalente a elevar o mover un cuerpo de su posición. Al caminar se vence la gravedad jaladora al piso, la resistencia del viento y la fricción del suelo contra el zapato; pero, en suma, se requiere poder energético, o sea **energía** que <u>es la capacidad de los sistemas de realizar trabajo</u>.

Todos los procesos físicos usan la energía de las diversas fuentes disponibles en el Universo, cumpliendo la máxima "***su energía siempre ha sido y será la misma***", porqué "<u>***la energía no puede perderse ni crearse, solo transformarse***</u>".

Todo proceso implica una transformación de energía. La lumínica de un foco de una casa, proviene de la corriente eléctrica, que le suministran la red y esta proviene de las distintas fuentes de la compañía suministradora como son, entre otras: agua, aire y sol, que son "fuentes de energía renovables". La flora transforma la luz del sol en energía química, realizando su trabajo al florecer, crecer y crear oxígeno para la fauna, que transforma la energía de la masa de los alimentos en energía química celular, para cambiarla a energía mecánica para vivir.

La **transformación de energía no es 100% eficiente**. Ningún sistema del cosmos consigue que una energía de un tipo se transforme al cien por ciento en otra forma. Siempre hay una parte que se "libera", pero nada se pierde, solo se paga el costo de cambiar una energía en otra con calor, que es otra de sus variantes. La dinámica de *nuestro Universo* implica la constante mutación de un tipo de energía a otro, desprendiendo energía calórica que se intercambia con los cuerpos hasta su Equilibrio Térmico.

2.6.3.1 Corolario de la Conservación de la Energía

La primera ley, o ley de la conservación de la energía, señala: "en un sistema aislado la energía permanece invariable en el tiempo, aunque esta puede transformarse en otras formas. Para el cosmos, implica que su energía siempre ha sido la misma desde su creación. Esta vital ley puede replantearse como:

"la energía no se crea ni se destruye, solo se transforma"

Este principio la Termodinámica lo amplia, contemplando toda la variedad de formas en que los sistemas interactúan con su entorno, como los sistemas cerrados que solo pueden canjear **energía**, en forma de calor, pero no **materia**, o los aislados como el cosmos, que de él no puede entrar ni salir nada en absoluto, ni materia ni energía, como si ocurre en los abiertos.

2.6.4 Tercera Ley de Termodinámica. Postulado o Teorema de Nernst

Esta ley trata sobre la temperatura mínima que un sistema podría alcanzar, el 0 K (cero grados Kelvin). Al respecto, el químico Walter Nerst, en el periodo 1906-1912, emitió la Tercera Ley de la termodinámica que indica que[1]:

"Al llegar a 0 K (-273.15 °C), el cual es el cero absoluto, cualquier proceso de un sistema físico se detiene"

En el cero absoluto las sustancias alcanzarían un estado de cristalización perfecto y la entropía bajaría a un valor mínimo; de hecho, sería 0, al estar todas sus partículas en reposo total. Sobre lo anterior se debe puntualizar:
  ➤ 0 K es una temperatura imposible de lograr.
  ➤ En el supuesto de alcanzarse, la Mecánica Cuántica establece que las partículas atómicas siempre conservarían una energía residual.
El reflexionar sobre el asunto nos llevó a plantear:

"Así como 'la nada' es solo un concepto filosófico, porqué físicamente "siempre hay algo", la 'quietud absoluta' nunca se alcanza" .

Esta tercera ley, parte de la base de que para que haya cualquier reacción de transformación de energía, sería necesario que hubiera movimientos de partículas, pero como ya se indicó la temperatura de 0 K es utópica e inalcanzable.

Un dato interesante, publicado en medios de difusión, es que lo más frío del cosmos corresponde a una temperatura de -272 °C o 1.15 K y se detectó en la Nebulosa Boomerang, que está a 5 mil años luz de la Tierra. Las nebulosas son material cósmico de polvo y gas, dispersas en un área muy extensa de límites imprecisos, difusa y brillante.

[¹L. García Colin, Introducción a la Termodinámica Clásica, Editorial Trillas]

2.7 Apéndice. Densidad de algunos cuerpos

Este apartado se dedica al lector que desee recordar su educación secundaria y preparatoria, sin omitir a otros que están en esa maravillosa etapa de su vida, para lo cual se desarrollan los cálculos de las densidades de la estrella neutrones, Sol y un diamante, haciendo las respectivas comparaciones de las mismas.

2.7.1 Conceptos

La densidad es una magnitud que expresa la relación entre la masa y el volumen de un cuerpo, cuya unidad es el kg/m^3; o sea,

$$D = \frac{M}{V}$$

De la ecuación se despejan las variables de la Masa M y el Volumen V.

$$M = DV; \qquad V = \frac{M}{D}$$

Volumen de la esfera $= V = \frac{4}{3}\pi r^3$; siendo $\pi = 3.14592653 \approx 3.1416$

2.7.2 Datos

1. Estrella de neutrones
Diámetro: entre 20-30 km, que equivale a un radio de 10-15 km
Masa: hasta 1.5 veces la del Sol

2. Sol
Volumen $= 1.4123 \times 10^{18}$ km³; Masa $= 1.9891 \times 10^{30}$ kg

3. Diamante.
Se usa la piedra de Botswana con datos de medios de difusión.

Masa $= 234.8$ g $= 0.2348$ kg (Del Apartado 2.2 de este Capítulo)

$$D_{diamante} = 3.53 \text{ g/cm}^3 = \frac{3.53x10^9 \, kg}{(10^3)(m^3)} = 3.56x10^6 \frac{kg}{m^3}$$

2.7.3 Solución

1. Sol:

$$D_{Sol} = 1.9891x10^{30}/1.4123x10^{18}(1000)^3 = 1408.4 \text{ kg/m}^3$$

2. Estrella de neutrones

$V_{EN} = (4/3)(3.1416)(10,000)^3 = 4.1945x10^{12} \text{ m}^3$ (Para diámetro de 20 km)

$M_{EN} = 1.9891x1.5x10^{30} = 2.98365x10^{30} \text{ kg}$

(1.5 Veces la masa del Sol, según Apartado 2.2)

$$D_{EN} = \frac{2.98365x10^{30}kg}{4.1945x10^{12}m^3} = 711,324.35x10^{12} \frac{kg}{m^3}$$

3. Diamante

$$V_D = \frac{0.2348 \, kg}{(3.56x10^6)\frac{kg}{m^3}} = 0.065955x10^{-6}m^3 = 0.06595x10^{-6}(10^9) =$$

$65.955 \, cm^3$

Para dar idea del tamaño de la piedra, suponemos que es esférica, entonces:

$$r = \sqrt[3]{\frac{3V}{4\Pi}} = \sqrt[3]{\frac{3x65.955}{4x3.14592653}} = 2.505 \text{ cm:} \qquad d = \text{diámetro} = 5.1 \text{ cm}$$

2.7.4 Análisis comparativo de densidades

$$D_{EN}/D_{Sol} = \frac{711,324.35x10^{12}}{1408.4} = 505.06x10^{12}$$

= 505.06 billones de veces más densa la estrella de neutrones que el Sol

$$D_{EN}/D_{diamante} = \frac{711,324.35x10^{12}}{3.56x10^6} = 199,810.211x10^6 = 0.199810211x10^{12}$$

$\approx$ 0.2 billones de veces, la estrella de

Neutrones es más densa que el diamante

Capítulo 3: Preparando el fin de todo

3.1 Introducción

Corría el año 1986, eran los primeros días de abril e infinidad de terrenales escudriñaban el cielo, para admirar el cometa **Halley**, que orbita el **Sol** en promedio cada 75 años (Edmund Halley calculó su órbita), periodo que varía entre 74 y 79. Lástima el público "quedó con un palmo de narices", pues sus ojos mortales no apreciaron ese "astro coludo" al cruzar muy alejado, a la mayor distancia de los últimos 2 mil años, comparada con el 10 de abril del 837 que se aproximó a 4.94 millones de Km. El chasco fue mayúsculo al saber que regresaría hasta julio de 2061, reservando, sí acaso, el espectáculo para sus descendientes, ya que su trayectoria no se puede calcular con rigor. En esa última ocasión, el 11 de abril fue el mayor acercamiento del cometa a la Tierra, 63 millones de Km y su **periastro** o **perihelio**, distancia de más proximidad al **Sol**, ocurrió el 9 de febrero de 1986, registrándose 85.5 millones de Km.

En aquel entonces, la **sonda espacial** europea **Giotto** (en honor del italiano **Giotto di Bondone,** pintor de la **Estrella de Belén**) se acercó al astro para "echar una ojeada a su núcleo". Traía un largo de unos 15 Km, con un área de unos 8 Km^2, 1.6 Km de radio, para una bola regular, suficientes para aniquilar la vida de la Tierra, de darse un encontronazo. Se puede decir que **Halley** aceleró la era espacial, pues el estudio a detalle de ese cuerpo, de temperatura tan dependiente de su lejanía con el **Astro Rey**, se hizo posible al ser bien examinado por las sondas espaciales soviéticas **Vega 1** y **Vega 2**, la **Giotto** de la Agencia Espacial Europea, ESA y las japonesas **Suisei** (cometa) y **Sakigake** (pionero o precursor) además de varios observatorios espaciales y terrestres.

Una **sonda espacial** es un dispositivo que se envía al espacio para estudiar cuerpos de nuestro sistema solar incluyendo planetas, satélites, asteroides y cometas; como las **Voyager 1 y 2** de la **NASA**, con una masa de 825 Kg. La aventura cósmica de estos exploradores inicio en 1977, tras su lanzamiento el 5 de septiembre y 20 de agosto de ese año, con rumbo hacia los planetas externos, con la mira de estudiar **Júpiter, Saturno,** con su tentadora luna **Titán** y más allá. Las sondas, están provistas de aparatos que son fuentes de increíbles descubrimientos, siendo insólito que después de 45 años varios aun funcionen. La misión fue de lo más ambiciosa al considerar acercarse a esos astros, revelándose que no solo la Tierra tiene cuerpos líquidos en su superficie, también en Titán los hay, tema que lo aborda National Geographic en su nota publicada el 16 de septiembre de 2019: "Los lagos de la mayor luna de Saturno podrían haber sido generados por explosiones".

Regresando al **Halley**, que este cometa "surcara los cielos" se asociaba con grandes cataclismos y el 8 de febrero de 1986 al temor público lo acrecentó el "New York Times", que afirmaba que el **Observatorio Yerkes** de la **Universidad de Chicago** había detectado el gas letal cianógeno, del grupo CN (cianuro) en la cola del cometa, que barrería la **Tierra**. No obstante, el temor fue más discreto que en otras ocasiones, cuando la aparición del cometa se ligaba con grandes catástrofes y en 1910 se esperaba hasta el fin de la vida, o sea el **Apocalipsis Terrícola**. Al presagiar esos astros grandes desastres, el accidente nuclear de Chernóbil, del 26 de abril de 1986, se podría atribuir a **Halley**, "por acercarse" 15 días antes, pero no es así, "¡es el miedo a lo desconocido!"

La Tierra ha sufrido impactos de cometas y asteroides, la extinción de los dinosaurios se carga a uno, millones de años atrás; **¡lo malo es que el riesgo sigue latente!** La amenaza se clasifica dentro de los niveles catastróficos del cosmos, que, como se trata adelante, sin destruir el planeta, liquidaría la vida, o condenaría a los vestigios de la humanidad a sobrevivir de manera miserable y sin posibilidades de avances sociales y tecnológicos. Este capítulo da las herramientas para el siguiente, que es una retrospectiva desde el fin de nuestro Universo, hasta el Apocalipsis Terrícola, abordando también los Riesgos Catastróficos Globales, que aún sin llegar a la desaparición humana, refieren terribles cataclismos del planeta, con muchísimas pérdidas humanas y materiales. El tema lo trata National Geographic en su artículo de "Cometas y Asteroides", donde se explica lo que son estos cuerpos que orbitan el Sol, provocan gran miedo a la humanidad y con justa razón porqué "en algún momento alguno chocará con la Tierra, alterando el curso de su historia", entendiéndose que tratan de referir un cuerpo de gran tamaño.

El Capítulo previo establece que abordar la trama de la muerte es un **desafío gigante** y que saber cuánto le resta al cosmos resulta incierto y enigmático; sin embargo, es un evento cierto, pues la probabilidad de que ocurra vale uno. Asimismo, se encaminó el tema actual citando que **Andrómeda** y la **Vía Láctea** chocarán para formar una constelación nueva y el **Sol** no vivirá más de 5 mil millones de años, pues evolucionará a gigante roja, atrapando a Mercurio, Venus y acaso a la Tierra.

Nada ni nadie es eterno y ***nuestro Universo*** tendrá su final. El **Sol** y la **Tierra** por supuesto que se sujetarán a eventos catastróficos terminales, los que acontecerán en la muy remota lejanía, que los terrestre ya no alcanzarán, porqué mucho antes de que su **Sol** se apague "***El Apocalipsis Terrícola***" "los habrá convocado a rendir cuentas", máxime si la proeza de colonizar otros mundos no se consuma.

Ahora, científicos publican estudios con causas plausibles del fin "***de todo***", que caen dentro de los cinco ***Niveles Catastróficos*** planteados por

Isaac Asimov, visualiza en el Primer Nivel el fin del **Universo**; en el Segundo Nivel al **Sol**, y en el Tercer Nivel la destrucción plena de la **Tierra**.

Al Apocalipsis Terrícola, o **Riesgo existencial**, que implica el completo exterminio del hombre sobre la Tierra, se le ubica como Cuarto Nivel y, finalmente, al Quinto Nivel se le designa como **Riesgo Catastrófico Global**, que se daría sí la vida sobre el planeta siguiera, después de que un suceso funesto produjese desde una gran destrucción, con infinidad de pérdidas humanas/materiales (5, 10% o más) hasta una horrenda hecatombe, que demerite a tal grado la civilización, que impida cualesquier avance tecnológico, condenando al terrestre a llevar una vida solitaria, mísera, desagradable y corta, durante un periodo indefinido. Sobre la hecatombe, cabe decir que, en la Antigua Grecia, representaba el sacrificio religioso de cien bueyes y, popularmente, se usa para señalar un gran cataclismo, con gran mortandad.

Cómo terminará el planeta o cuánto tiempo florecerá más la vida no se sabe. En parte, la solución al dilema ¡sí existe!, los científicos la proponen, visualizando que la existencia en la Tierra desaparecerá, porqué será como una "roca ardiente", por culpa de ella misma, pero también del hombre que "está acabando con ella".

Además, en la lejanía del tiempo el Sol se inflará tanto que abrazará la órbita de Mercurio, Marte y quizá a la terrestre. No obstante, ese inminente suceso, la vida sobre el planeta acabará mucho antes, siendo uno de los peligros insoslayables el Cambio Climático. Al menos que el ser humano se las ingenie para acelerar los acontecimientos y se auto extinga en un tiempo récord, de unas cuantas décadas, se estima que no será en este siglo la ocurrencia de lo poco probable, que el aumento de la temperatura promedio supere los 3 a 4 grados, haciendo imposible la subsistencia humana, con muy poca posibilidad de revertir ese proceso devastador.

Stephen Hawking citó que "la tierra será una bola de fuego en 600 años" y que "La próxima vez que hablen con alguien que niegue la existencia del Cambio Climático, díganle que programe un viaje a Venus. ¡*Yo me haré cargo de los gastos*!"

3.2 Retoque conceptual

El Capítulo 1 exhibe una representación de la historia del tiempo, vía un esquema bautizado "El Dedal del Tiempo", El Capítulo 1 exhibe una representación de la historia del tiempo, vía un esquema bautizado "El

Dedal del Tiempo", poniendo en su sima, en el tiempo cero, al creador *del todo*, el *Big Bang*. Han pasado <u>13 mil 800 millones de años</u>, Ma, y nuestro **Universo** se ha encumbrado a una cima, que es un espacio, sin límites o bordes, que se rige por cuatro dimensiones: tres espaciales y el tiempo. La Figura 3-1 es una representación del Cosmos, mostrando que la galaxia

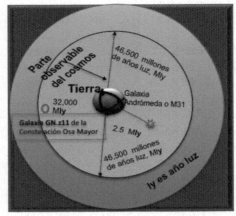

Figura 3-1 La Tierra como centro del Cosmos

más vieja observada, es la **GN.z11** de la constelación **Osa Mayor**, que por su luz emitida implica que fue formada entre los primeros 200-400 millones de años.

Para hacer ese dibujo, se supuso al Universo contenido en un espacio cuadrado cuasi plano, creando un tipo de mapa, con dos círculos inscritos concéntricos. El más interno atañe a la parte perceptible, colocando a la **Tierra** como el centro, punto que en la inmensidad parece no existir, aclarando que se puso para acotar la distancia de los cuerpos y no tiene alguna relación con el **antropocentrismo** (que considera al hombre el centro del **Universo)** ni tampoco con el **geocentrismo** o modelo de **Ptolomeo, que** defendía que la tierra era el centro del universo, desplazado este por la teoría **heliocéntrica,** que ubica a **Helios (**en griego es **Sol**) en ese punto medio.

La tecnología disponible, limita lo observable a un radio de 46 mil 500 millones de años luz, Mly o Mal; o sea, un diámetro de 93 mil millones de **ly** como se acostumbra a abreviar al **año luz** y que guarda una proporción con las Unidades Astronómicas, UA, siendo:
1 ly = 63,241.07708 UA , <u>63 mil 241 más 7708 cienmilésimas</u>.

La luz es una perturbación electromagnética o también una onda compuesta de fotones, cuya velocidad **c = 300 mil Km/s** y a ella, <u>con excepción del espacio</u>, <u>nada ni nadie la puede rebasar</u>, recorriendo en un año 9.46 billones de Km, casi nueve y medio, <u>¡una distancia enorme!</u>, según la apreciación terrícola.

Esa imagen exhibe que Andrómeda, la galaxia visible desde la Tierra, está a una distancia de 2.5 millones de **ly**, colocando a la Galaxia **GN.z11** a 32 mil millones de años luz, que de golpe parece incongruente con el tiempo que ha pasado desde el **Big Bang**, los 13 mil 800 millones de años. Se podría reflexionar así: "sí el cuerpo está a <u>32,000 Mly</u> implica que su luz se emitió hace <u>32 mil millones de años</u>". ¡Pero no!, la introspección es lógica pero no válida.

Se sabe que la galaxia **GN.z11** emitió su luz hace <u>13,600-13,400 millones de años,</u> pues se formó entre los primeros 200-400 millones de años. Lo que pasa es que nuestro Universo gana espacio a cada instante, vía un proceso de expansión acelerada, debida al 72 % de la **energía oscura**, obligando a las galaxias a separarse cada vez más, entre ellas y de la Tierra; el resto es 24% materia oscura y 4% bariónica, que forma todo lo que nos rodea y podemos ver.

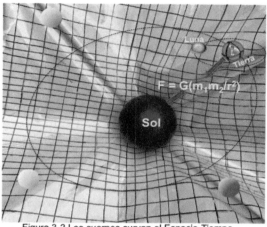

Además de la **Teoría de la Relatividad**, otro de los grandes logros de **Albert Einstein** fue percibir la **gravedad**, no en el campo de las fuerzas sino en el plano de la geometría,

Figura 3-2 Los cuerpos curvan el Espacio-Tiempo

concluyendo que la presencia de los cuerpos deforma el espacio-tiempo, como se muestra en la Figura 3-2. El fenómeno se comprende al imaginar encaramadas en una sábana, cogida de las esquinas, bolas esféricas, simulando a los astros; por ejemplo, una de boliche, otra de béisbol, la de billar, canicas, etc. Figurando eso se comprende que los cuerpos con más masa curvan o ahondan más el espacio y con algo más de reflexión se acepta que la atracción de los cuerpos es consecuencia de las concavidades que producen y no por el efecto de la fuerza atractiva de sus masas, según la teoría Newtoniana.

Una diferencia conceptual de la teoría de Newton respecto a la de Einstein se comprende al concebir el famoso ensayo mental de la pérdida súbita del **Sol**. La primera formulación dicta que los terrestres sentirían el efecto en el preciso instante de la desaparición del astro; pero, para la segunda la consecuencia se haría manifiesta 8 minutos después, que es el tiempo que tarda la luz en recorrer los casi 150 millones de Km, que separan a la Tierra de su estrella. La explicación se da porqué en 1915 el padre de la Física Moderna formuló la **Teoría de la Relatividad General**, demostrando que la fuerza de la gravedad no es instantánea, sino que viaja a la velocidad de la luz.

3.3 Ley de Hubble

En 1930 **Edwin Hubble** formuló esa ley, la que establece que:
Cuanto más lejana esté una galaxia más de prisa se aleja de la Tierra

Esto quiere decir que el Universo se expande en todas direcciones, por lo que todos los cuerpos se están separando unos de otros. Se debe insistir en que ver a las galaxias alejarse de la Tierra no significa que sea el centro, ya que lo mismo percibirán los habitantes de otros mundos. Es vasta la información del tema, como en "La expansión del Universo", de Ricardo Moreno del Colegio Retamar, de Madrid, pudiendo concluir:
Las constelaciones se separan y cuanto más alejadas estén las galaxias lo hacen con más velocidad.

Pero, el efecto gravitatorio entre la **Vía Láctea** y **Andrómeda (M 31)** domina a la velocidad de adición de espacio entre ellas, provocando que la segunda se nos esté acercando†††††† a unos 187.27 kilómetros por segundo, esperando que ambas colisionen en unos 4000 millones de años, fusionándose en una galaxia mayor, en un evento cósmico denominado **Lactómeda**. Por otra parte, Moreno en su trabajo documenta que la galaxia **M 32** se aleja a 21 Km/s. En el sitio *https://constelacionesdeestrellas.com se establece que,* entre los objetos notables del cielo profundo, la **constelación de Andrómeda** contiene la famosa **Galaxia de Andrómeda** (Messier **31**) *y las galaxias elípticas enanas Messier 32 (**Le Gentil**) y Messier 110.*

3.4 Expansión Métrica del Espacio

3.4.1 Preámbulo

La expansión métrica del espacio es una pieza clave de la ciencia para comprender el Universo, a través de lo cual el propio **espacio-tiempo** es descrito por una métrica que cambia con el tiempo de tal manera que la dimensión espacial crece o se extiende dependiendo si el cosmos es más joven o más viejo. En este apartado, se tratan algunos espacios métricos, para comprender mejor al peculiar **espacio-tiempo**, que es cuatridimensional, al unir las tres espaciales y la temporal, que según la teoría de la relatividad son inseparables y en el que cada punto es un suceso. La definición de métrica tiene, según varios diccionarios, su origen en el latín *metrĭcus*, el concepto

---

†††††† La distancia de Andrómeda $2.5x10^6$ ly $=2.5x10^6 x9.46x10^{12} = 23.65x10^{18}\ Km$
Tiempo de colisión $= 4000x10^6 x31.537x10^6 = 23.65x10^{15}\ s$
Así que $v = \frac{d}{t} = \frac{23650}{126.288} = 187.27\frac{Km}{s}$

permite describir todo aquello que <u>pertenece o que guarda relación con el metro</u> y este, es una <u>unidad de longitud</u> del **Sistema Internacional de Unidades**[1] (**SI**). Por su parte, el **SI** es un sistema métrico caracterizado por disponer de varias <u>unidades de medida</u>, relacionadas con sus múltiplos y submúltiplos de 10 y cuyas magnitudes básicas son: **longitud, tiempo** y **masa**. De éstas, la **Expansión Métrica del Espacio** tiene una vinculación directa con la primera, aunque las separaciones entre galaxias son enormes y por lo mismo su medición se hace en Años Luz, **ly** o en Unidades Astronómicas o **UA**.

El SI se creó en 1960 por la 11ª Conferencia General de Pesas y Medidas, adoptándose como una versión moderna del Sistema Métrico Decimal. Un **ly** es la distancia recorre la luz en un año, a 300 mil Km/s, alcanzando 9.461×10^{15} metros o 9.461 billones de Km. La **UA** equivale a 149 597 870 700 m = 149 597 870.7 Km, casi 150 millones de Km, que es la distancia promedio entre el la Tierra y el Sol.

3.4.2 Espacios Métricos

En matemáticas, una **métrica** o **función distancia**, define una distancia entre elementos de un conjunto, denominado **espacio métrico**. Toda métrica induce una topología sobre un conjunto la cual implica tratar con las propiedades cualitativas de los espacios[1], que son independientes de su tamaño, posición y forma.

[1 Marta Macho Stadler, Topología de Espacios Métricos, https://www.ehu.eus/~mtwmastm/TEM0910.pdf]

Por ejemplo, la apariencia de una circunferencia no es una propiedad topológica, ya que pudo haberse elaborado con una cuerda atando sus extremos; pero, sin despegar ni cortar, puede transformarse en otros objetos topológicamente equivalentes, de aspecto: cuadrado, elíptico, etc. La cualidad de no tener puntos extremos permanece inalterable en esas transformaciones, lo que sí es una propiedad topológica; i.e., es un espacio cerrado.

Los espacios métricos, para los que se define una función distancia, forman parte de la gran diversidad de espacios topológicos. La **Topología** estudia aquellas propiedades que permanecen inalterables al <u>someterlas a deformaciones continuas</u>; es decir, a distorsiones que no rompen, pegan o <u>agregan algo</u> que no estaba previamente. La **Topología** es una matemática cualitativa, sin números, a cargo de las propiedades cualitativas intrínsecas de los espacios: abiertos, cerrados y demás.

Se ignora si el cosmos es un espacio plano, esférico o hiperbólico y mucho del acervo documental cita que nuestro Universo agrega de forma continua más y más espacio, por un proceso de expansión acelerada. Pero, agregar más espacio implicaría una violación al principio topológico que dicta la conservación de "propiedades inalterables", de no romper o "agregar algo". Lo que pasa, no es que se adicione más espacio, este ya existe, ha estado ahí desde siempre. Sucede que el espacio se está estirando a un ritmo acelerado, comportamiento que depende en parte de la constante cosmológica, relacionada con la energía oscura, conduciendo a tres escenarios de culminación del Universo, siendo uno de ellos el gran desgarramiento o **Big Rip**[1] .

[1 Robert R. Caldwell, Marc Kamionkowski, and Nevin N. Weinberg, Phantom Energy and Cosmic Doomsday, 25/02/2003, https://arxiv.org/pdf/astro-ph/0302506.pdf, último acceso 16/10/2022]

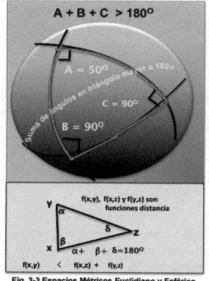

Fig. 3-3 Espacios Métricos Euclidiano y Esférico

La definición de Espacios Métricos cita un conjunto **X**, y una función distancia **d**, que en pareja son (**X,d**).

El Espacio Métrico generado con esta dupla debe cumplir cuatro principios fundamentales, que se explican con el apoyo del espacio Euclidiano de la Figura 3-3. Ahí hay una línea que une los puntos **x** e **y**, que con otras dos enlazan al **z** para formar un triángulo:

➤ El primer principio de la distancia corresponde a la no negatividad;
➤ la segunda a la nulidad;
➤ la tercera a la simetría, implicando que resulta lo mismo medir en un sentido que en el otro;
➤ y, la última, obliga que la distancia de un lado cualquiera del triángulo tiene que ser menor o igual a la suma de los otros dos.

Matemáticamente:

A. $d(x,y) \geq 0$
B. $d(x,y) = 0 \Leftrightarrow x = y$ La nulidad se da cuando x e y son el mismo punto.

C. $d(x,y) = d(y,x)$
D. $d(x,y) \leq d(x,z) + d(y,z)$

3.4.2.1 Métrica Euclidiana

Para la Métrica Euclidiana se toma aquel conjunto X como R, o sea el de los números reales, siendo "la Métrica Estándar" que genera un espacio de dimensión uno.

Es fácil demostrar que esta métrica cumple los cuatro principios fundamentales desplegados antes. La no negatividad se justifica porque la distancia entre los puntos **x** e **y** se define como el valor absoluto entre ellos. Solo se demostrarán las propiedades 1 y 2, dejando al lector interesado hacerlo para la 3 y 4.

Para el primer principio simplemente se considera que **x**=**y** (es un punto) y para el segundo que $x \neq y$:

$$d(x, y) = ABS(x - y) = ABS\ (x - x) = ABS\ (0) = 0$$
$$d(x, y) = ABS(x - y) \geq 0$$

Si $X = R^2$ se habla del espacio Euclidiano de dimensión 2 y si el conjunto es R^N el rango es N, la generalización de éste. Para catalogarse así se deben satisfacer los postulados de la Geometría Euclidiana (cinco de Euclides y dos de Descartes) estableciendo el último que la suma de los ángulos internos de sus triángulos suma 180°.

La misma Figura 3-3 exhibe un espacio geométrico esférico, que como el hiperbólico y muchos otros no son euclidianos. En el primero, la suma de los ángulos del triángulo que se forma usando meridianos y paralelos es mayor a 180° y en el segundo menos de ese total.

3.4.2.2 Geometría del Taxista

La **Geometría del Taxista** o **Distancia Manhattan**, formulada en el siglo XIX por Hermann Minkowski, es un espacio en el que la métrica Euclidiana es reemplazada por otra, en donde la distancia entre dos puntos es la suma de las diferencias absolutas de sus coordenadas. Esa denominación se da porqué el 22 de marzo de 1811 se aprobó el plan urbanístico por el que las calles de Nueva York, en aquel entonces solo la isla Manhattan, formarían una cuadrícula perfecta. La figura 3-4 muestra esta peculiar geometría para compararla con la distancia Euclidiana, según la línea verde.

El taxista o persona de a pie, para ir de un punto al otro se mueve sin retroceder, optando por avanzar en alguna de las dos rutas más directas norte-este o este-norte, pero también zigzagueando, siempre sin retroceder; o bien volteando en las esquinas. No importa la ruta, la distancia del taxista es $D_{TAXISTA} = 12$ unidades. En cambio, en la métrica Euclidiana es 8.4852 unidades.

La distancia Euclidiana se calcula con Pitágoras:

$$D_{AB} = \sqrt{6^2 + 6^2} = 6\sqrt{2} = 8.4852 \text{ Unidades.}$$

No obstante, en esta métrica se suscita la insólita "**Paradoja del Taxista**", porqué cuando la cuadricula del espacio se conforma con cuadros o manzanas pequeñísimas, hay una ruta del taxista que se pega a la recta Euclidiana, que, si cruza obstáculos, en un zigzag escalonado y planteado así, la distancia D_{AB} tiende a ser 2L, lo cual contradice al teorema de Pitágoras.

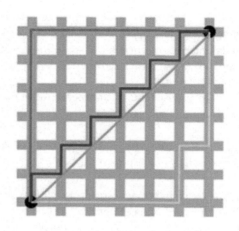

Figura 3-4 Distancia de la geometría del taxista Representada por línea azul= 12 unidades, cuyo cuadro es una longitud l = 6 unidades. Por tanto, $D_i = 2l$, la cual es diferente de la distancia obtenida por el teorema de Pitagoras.

Otra cuestión notable, que no se muestra en la Figura 3-4, es que la circunferencia en este espacio métrico es visualizada como un cuadrado girado 45º respecto al plano, resultando así porqué una circunferencia es el lugar geométrico cerrado, cuyos puntos están a la misma distancia de su centro. Observar que los puntos de la **distancia Manhattan** son las intersecciones de la cuadrícula y no la distancia total euclidiana, esto debido a edificios infranqueables.

3.4.2.3 Pitágoras clave al calcular distancias

Para deducir el Teorema de Pitágoras se utiliza la Figura 3-4b, donde hay dos cuadros de áreas idénticas denominadas Ap, mismas que están inscritas dentro del contorno punteado. Observar que en el cuadro de arriba de la imagen hay cuatro triángulos rectángulos $A_1, A_2, A_3, y\ A_4$ cuyas hipotenusas c, es decir, son los lados del cuadrado central cuya área es c^2. En el Cuadro de abajo están esas mismas cuatro áreas, acomodadas de forma estratégica para formar dos cuadros con los catetos de los triángulos a y b, cuyas áreas son $a^2 y\ b^2$. En dicha Figura podemos establecer:

AREA A_P DEL CUADRO DE ARRIBA:

$$A_P = C^2 + A_1 + A_2 + A_3 + A_4$$

O bien: $A_P = c^2 + \frac{ab}{2} + \frac{ab}{2} + \frac{ab}{2} + \frac{ab}{2}$

$$A_P = c^2 + 2ab \quad \text{.........(1)}$$

AREA A_P DEL CUADRO DE ABAJO:

$$A_P = b^2 + a^2 + \frac{ab}{2} + \frac{ab}{2} + \frac{ab}{2} + \frac{ab}{2}$$

$$A_P = b^2 + a^2 + 2ab \quad \text{.........(2)}$$

De 1 y 2: $c^2 + 2ab = b^2 + a^2 + 2ab$

Por lo que el cuadrado de la hipotenusa de un triángulo rectángulo es igual a la suma del cuadrado de los catetos: $c^2 = b^2 + a^2$ de donde $c = \sqrt{a^2 + b^2}$

La métrica vincula longitud, extensión, volumen, fuerza, capacidad o alguna otra magnitud o indicador y se usa en todo dominio: geográfico, poético, económico, político, empresarial y otros. Sobre el tema, se ha señalado que la métrica se reproduce muchas veces en el contexto de la gravedad y que, en general, sirve para medir "lo que sea", representando el interés primario las distancias, siendo el Teorema de Pitágoras la principal herramienta para hacerlo.[1]

Figura 3-4b Áreas de Pitágoras

[1 Tomas Ortín Miguel, ¡Tenía razón Pitágoras? La métrica del espacio tiempo. https://www.youtube.com/watch?v=y5DPjRLNaiw, último acceso 01 Octubre del 2022]

Lo presentado anteriormente nos permite recordar que el cálculo de distancias se remonta al siglo VI aC, cuando el filósofo y matemático griego **Pitágoras** comprobó que el área del cuadrado, que tiene como base la hipotenusa de un triángulo rectángulo es igual a la suma de las superficies de los otros dos cuadrados, formados con los catetos del triángulo, como en la Figura 3-5a.

Este teorema es aplicativo al plano cartesiano (formado con un punto como origen, cuadrantes y ejes) y al espacio euclídeo (en el que no hay un centro y las líneas rectas son el camino más corto)[1]

Se le puede aplicar en dimensiones planas, tridimensionales, o de cualquier otro rango, e incluso en espacios que no cumplan los axiomas de Euclides de la geometría; o sea los no euclidianos.

El teorema anterior es de amplia cobertura y se ilustra en la Figura 3-5, compuesta de seis figurillas. El triángulo rectángulo señalado con (b) asienta uno de sus catetos a partir del origen del plano x-y. La distancia del origen al punto de coordenadas P(x,y) se calcula usando el teorema, que arroja la ecuación[1]:

$$(\Delta L)^2 = (\Delta x)^2 + (\Delta y)^2$$

Tomas Ortiz Miguel desarrolla la ecuación anterior en forma matricial[1], lo que le permite introducir una constante de escala **a**, que podría ser el "factor

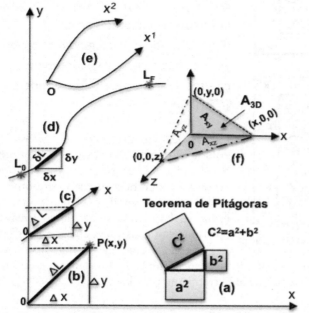

de escala cósmico"; además, el describe que es el parámetro clave en las ecuaciones de Friedmann, empleadas para describir la expansión métrica del espacio.

El valor de ΔL se obtiene elevando al cuadrado Δx y Δy, sumando estas cantidades y sacando raíz cuadrada al

Figura 3-5 Pitágoras la clave para calcular distancias

total. Eso parece obvio, pero no lo es tanto el uso de los símbolos delta. Lo que pasa es que en matemáticas Δ es utilizada delante de una variable para indicar un cambio en el valor de esa variable. En Física se utiliza normalmente para indicar el incremento de una variable, así por ejemplo Δx puede ser x_2-x_1. Comúnmente, la letra delta mayúscula (por ejemplo, Δx es usada para cambios grandes o macroscópicos, mientras que la minúscula (por ejemplo, Δx) se emplea para cambios pequeños o microscópicos (infinitesimales).

[1 Tomas Ortín Miguel, ¡Tenía razón Pitágoras? La métrica del espacio tiempo. https://www.youtube.com/watch?v=y5DPjRLNaiw, último acceso 01 Octubre del 2022]

No importa si los ejes del plano no estén a 90 grados, como se muestra en 3-5c, para calcular ΔL se usa la misma ecuación anterior. Si el problema es determinar la distancia L_0-L_F de una trayectoria curva, como lo muestra la Figura 3-5d, también se puede aprovechar el teorema. Para esto la curva se aproxima por pequeñísimos incrementos de δL, que son la hipotenusa de triángulos diminutos, de catetos δx y δy, contando con los datos para calcular el trayecto L_0-L_F, a través de un proceso iterativo. Sí es un espacio de ejes curvos, como lo representa la parte (e) de la figura, el teorema sería útil, siempre que se conformen triángulos.

La Figura 3-5f es un espacio de tres dimensiones, para el cual el teorema se redefine como sigue: El cuadrado del área del plano que se forma por los xy, xz e yz es igual a la suma del cuadrado de cada una de las áreas que se forman por estos tres planos", según la ecuación adelante. El teorema es aplicable para espacios de dimensiones mayores al replantearlo convenientemente y aun cuando nuestro objetivo es el cálculo de distancias, se extendió a una dimensión superior a la plana de dos, para ponderar el grandísimo potencial del teorema.

$$(A_{3D})^2 = \left(A_{xy}\right)^2 + (A_{xz})^2 + \left(A_{yz}\right)^2$$

3.4.2.4 Paralaje estelar

El reto de determinar la lejanía de las estrellas y galaxias ha existido siempre. Desde los tiempos de Galileo se propuso la Tierra orbitando al Sol y notaban que las estrellas cercanas describían un pequeño arco en el cielo, llamado **paralaje estelar**[1], lo que se posibilita, aplicando las razones trigonométricas y el Teorema de Pitágoras, calcular a que distancia están esos astros "aledaños".
[1 https://starchild.gsfc.nasa.gov/docs/StarChild/questions/parallax.html]

En la Figura 3-6, la estrella menos alejada del Sol, **Próxima Centauri b**[1], una enana roja que está distante unos 0.0485 Unidades Astronómicas (AU por su denominación en inglés)[1], lo que equivale a un poco más de 40 billones de Km (40×10^{12} Km en el sistema internacional de medidas) , y esto ¡siendo la más cercana!, hecho que conduce a la reflexión "somos un granulito, una pequeña partícula, gravitando en la inmensidad del cosmos".

El diccionario de astronomía (www.astronomia.com) explica: "paralaje es un fenómeno que consiste en el desplazamiento aparente de una estrella cercana, sobre el fondo de las otras más lejanas, conforme la Tierra se mueve alrededor del Sol, siendo el método directo y más simple de calcular las distancias estelares".

El procedimiento es aplicable solo a estrellas relativamente próximas, porqué puede apreciarse que paralaje, a pesar de estar años luz del planeta.

Para aplicar el método se determina el ángulo de paralaje, luego de seis meses, de traslación de la Tierra (del 1 de enero y 1 de julio) la que se encontrará en dos extremos opuestos de su órbita.

Uno de los catetos del triángulo, que forman la Tierra, el Sol y la Estrella, vale una unidad astronómica, 1 UA, que según se explica en 3.2 *es igual a 149 597 870.7 Km.* Los ángulos de paralaje de las estrellas "cercanas" es muy pequeño; por ejemplo, para Próxima Centaur vale 0.7687 segundos[2] y como un segundo es igual a 1/3600, ese ángulo es 0.7687/3600 = 0.000214 grados.

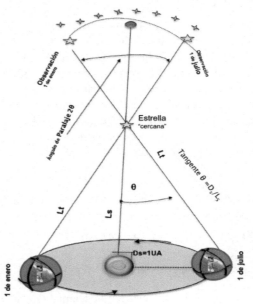

Figura 3-6 Paralaje Estelar

[[1]https://exoplanets.nasa.gov/exoplanet-catalog/7167/proxima-centauri-b/
[2] G.F. Benedict, B McArthur1, D.W. Chappell, E. Nelan, W. H. Jefferys, W. van Altena, J. Lee, D. Cornell, P. J. Shelus, P.D. Hemenway , Interferometric Astrometry of Proxima Centauri and Barnard's Star Using Hubble Space Telescope Fine Guidance Sensor 3: Detection Limits for Substellar Companions, The Astronomical Journal, Volume 118, Number 2, 1999]

3.4.3 Métrica del espacio tiempo

La teoría especial de la relatividad, presentada por Einstein en 1905, modificó la manera de concebir el espacio y el tiempo. Como cada objeto cuenta con altura, anchura y profundidad, se puede ubicar en un espacio tridimensional, como el euclidiano, en base a coordenadas, suponiendo la temporabilidad de la ocurrencia de eventos por separado; pero, aquella teoría establece que el **espacio y el tiempo** son inseparables, inherentes, por lo mismo, su modelo matemático combina las dos variables en un único continuo, dos conceptos inseparablemente relacionados. En este *espacio* se representan todos los sucesos físicos del Universo, de acuerdo con la teoría de la relatividad y otras teorías físicas.

La Figura 3-7 representa el espacio-tiempo, un lugar geométrico en cuatro dimensiones, tres espaciales y el tiempo, donde como se ha insistido su métrica cambia con el tiempo, debido a la "expansión acelerada" que se experimenta, una dinámica que no será "interminable", porqué con seguridad habrá un final, nada es eterno. En esa Figura se aprecia la Tierra como el centro, ya que puede ser puesta ahí, aclarando que cualquier otro lugar puede serlo, pues el punto medio parece no existir.

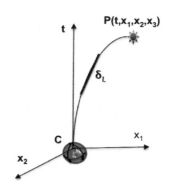

Figura 3-7 Sistema Cuatridimensional Espacio-Tiempo

Antes se indicó que el complejo tema "Expansión Métrica del Espacio", es fundamental para asimilar la física del cosmos. Así que, para nuestra obra, "*De la Génesis de Nuestro Universo a su fin*", tratando de aligerarlo, se diseñó la Figura 3-8, marcando tres periodos del Universo: *inflación, desaceleración* y *expansión acelerada*. Estos tres periodos se vinculan con el factor de escala cósmico, que se aborda más adelante.

La imagen tiene varias capas, haciendo evidente que, por el estiramiento del espacio, la distancia entre galaxias no es constante, según lo dicta la Ley de Hubble: "cuánto más distante está una galaxia más se separa". Por ejemplo, la distancia actual, entre la Tierra y la galaxia GN-z11, es 13.4 millones de años luz, separación que es superior a la anterior, concluyéndose que para la Métrica del Universo $d_{actual} > d_{antes}$.

En la parte más baja de la figura está representado el inicio de todo, una acción que se ofrendó gracias a un evento creador, germinado de un ***Universo Progenitor***, que venía de un proceso contractor, que alcanzó un volumen ínfimo, que no perduró al ser un sistema inestable, produciéndose el "***Big Bang***", una descomunal explosión, sin estruendo alguno, pues es el vocablo que Fred Hoyle acuñó para esta teoría, en son de burla, adoptada en vez de **átomo primigenio**, del también astrofísico y además sacerdote Georges Lemaître.

Sin apego al léxico, el ***Big Bang*** disparó la historia del tiempo, la generación del espacio y la formación de la materia, la que transita en un Cosmos en expansión y donde la energía oscura domina la acción gravitatoria de sus cuerpos. No olvidar que la energía y materia son inherentes, una conduce a la otra, porqué $E = mc^2$, entendiéndose que la energía, de un cuerpo en reposo, se calcula al multiplicar la masa por el cuadrado de la velocidad de la luz (c=300 mil Km/s). Como $m = E/c^2$, se puede decir que algo con energía dispone de masa, determinada al hacer el cociente del valor de ésta y el cuadrado de la velocidad de la luz.

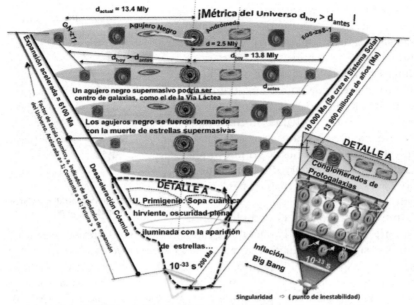

Figura 3-8 Métrica de Nuestro Universo, sujeta al estiramiento de su espacio

El ***Big Bang*** puede considerarse como la dispersión de toda la energía, contenida en un "volumen ínfimo primigenio", que <u>dio un impulso exponencial inconmensurable al espacio</u>, generando en primer término un periodo de mínima duración llamada ***inflación***, tan solo 10^{-33} s, que se escribe con un punto seguido de 32 ceros y un uno, que para la percepción humana "es nada', vaya ni un femtosegundo, o 10^{-15} s o 0.000000000000001 s; es decir una milésima de millonésima de segundo. La ***teoría inflacionaria***[1] trata de resolver el denominado problema del horizonte cósmico, explicando por qué la distribución de la materia y la radiación del Universo es muy uniforme en todas sus regiones.

[1]Universidad Internacional de Valencia, "¿Qué dice la teoría inflacionaria sobre el Universo?, https://www.universidadviu.com/es/actualidad/nuestros-expertos/que-dice-la-teoría-inflacionaria-sobre-el-universo]

La primera elipse de la Figura 3-8 indica que muchas de las galaxias se formaron entre los de 200 y 400 millones de años, de los 13 mil 800 millones de vida que tiene Nuestro Universo. Se estima que puede haber 2 mil millones de galaxias y que muchas de ellas se crearon después de ese tiempo. En la nota ¿Qué tan viejas son las galaxias? del sitio "NASA Ciencia Space Place", se explica que la mayoría de las galaxias se formaron entre los 200 y 3800 millones de años; estimándose la edad de la Vía Láctea en 13 mil 600 millones de años.

Ahí, en ese primer plano, se colocaron GN-z11 y EGS-zs8-1, que son las más alejadas observadas; además, hay un conglomerado de ***proto galaxias***, o galaxias primitivas, disponiendo de una nube de gas. En el siguiente nivel, entre los 200 y los 3 mil 800 millones de edad del "Universo joven" se ubicó *Andrómeda*, creada de un conglomerado de **proto galaxias**. Los siguientes escalones hasta la cima ilustran que las galaxias se retiran más y más de la *Vía Láctea*. Pero, nuestro *"Camino de Leche"*, según aquel vocablo romano, y *Andrómeda* se están aproximando, pues la atracción gravitatoria domina la velocidad de adición de espacio y se ha determinado que en 4 mil millones de años "se verá a *Lactómeda*", una colosal galaxia elíptica, en vez de las dos en espiral, consecuencia de un increíble evento cósmico.

Un agujero negro emana de una estrella, de más de 20 soles, que agota su combustible, ya qué colapsa bajo su peso, produciendo un <u>punto de singularidad del Universo</u>, en donde no se cumplen las leyes de la física. La Figura 3-8 no omite los "monstruos gravitacionales", enigmáticos e inquietantes por incrementar su poder, "tragando" cuanto se aproxime a su dominio gravitatorio. Un niño preguntaría: ¿y están cerca esas moles? Bueno, el centro de la Vía Láctea tiene uno supermasivo: *Sagitario A**; está a 26 mil años luz de la Tierra [1] (NASA TV: "Supermassive Black Hole Sagittarius A*).
[[1] NASA, Supermassive Black Hole Sagittarius A*, 29/08/2013, https://www.nasa.gov/mission_pages/chandra/multimedia/black-hole-SagittariusA.html, U. acceso 21/10/2022]

Aparte del *Factor de Escala Cósmico*, indicado en el costado de la misma Figura 3-8, en la cima están en rojo las dos galaxias más alejadas y adentro de un cuadro con contorno azul Andrómeda. Esos colores representan que "el corrimiento de la frecuencia de luz es dependiente de la distancia del punto de emisión", correspondiendo al rojo lo más lejano. El fenómeno se entiende mejor explicando el **efecto *Doppler*.**

3.5 Efecto Doppler

Ante la pregunta: "¿sabes qué es el efecto *Doppler*"?, casi seguro que la mayoría respondería con un rotundo ¡no! Pero sí, seguro se conoce, <u>es un conocimiento tácito</u>. <u>Todo mundo identifica</u> si va o viene una ambulancia, que circula veloz, por decir, a 100 Km/h, con su espantosa sirena, exigiendo que le abran paso por la urgencia. Cuando la muchedumbre escucha los 4 molestos motores *turbofán* de un *Boing 747*, que viaja como a 1000 Km/h, casi seguro no ignora si la fuente, causante del ruido, se aleja o se acerca. Pues eso, ni más ni menos eso, es el *efecto Doppler*. Sí se replantea ahora aquella cuestión, la respuesta sería: "¡claro que sí, hasta un niño lo sabe! Lo que pasaba es que se desconocía el nombre de ese famoso Efecto Doppler, mismo que es bueno formalizar, ya que facilita comprender la base que determina si las galaxias y sus estrellas se separan o se aproximan.

Consideremos la Figura 3-9. Lo primero para poner en mente, es que una fuente emisora, de luz o sonido, genera una onda electromagnética de cierta frecuencia, que es el número de veces por segundo de cruces por cero de la ondulación. Para el sonido, a mayor frecuencia la perturbación acústica es más aguda y a menor más grave.

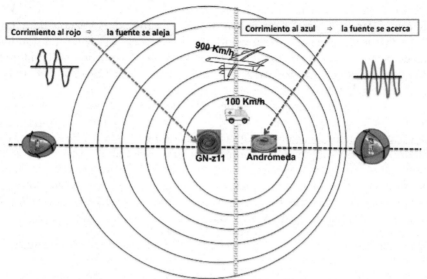

Figura 3-9 Efecto Dóppler (Corrimiento al rojo de la señal, luz o sonido)

Para la luz, entre más se acerque la fuente al observador hay más corrimiento al azul del espectro y entre más se retire será al rojo. Por esa razón, en las Figuras 3-8 y 3-9 se muestra la galaxia GN-z11 iluminada en rojo y Andrómeda en azul. En la 3-9, algo muy significativo es que del lado de GN-z11 los círculos lucen más separados que para Andrómeda, significando, en correspondencia, menor y mayor frecuencia; concepto también representado por las sinusoidales que están sobre las chicas Sandra y Myriam, supuestas observadoras.

El *efecto Doppler* es el aparente cambio de frecuencia (más agudo o grave) de una onda, producida por el movimiento relativo de una fuente emisora, respecto a otra receptora. La velocidad del sonido en el aire, a nivel del mar y 20 °C, es de 343.2 m/s = 1235.52 Km/h, habiendo infinidad de ejemplos cotidianos, para la comparación receptiva directa del oído humano: la ambulancia va al 8.093 %, mientras que el Jumbo lo hace al 80.93 %, identificándose de inmediato la dirección de movimiento. Pero, las longitudes de onda de las galaxias y estrellas son muy grandes y el ojo no percibe los pequeños corrimientos al rojo o al azul, requiriéndose de instrumentación para tal fin.

3.6 Factor de Escala Cósmico

Se considera que hay dos tipos de grandes estructuras cósmicas en el Universo. Al primero le corresponde las galaxias, que son acumulaciones de gas, polvo y miles de millones de agrupaciones de estrellas (debidas a la gravedad) y sus sistemas solares, sin olvidar que existen los agujeros negros en las galaxias, pero probablemente no en todas. En el segundo tipo caen los **cúmulos de galaxias,** compuestas de varias decenas de éstas, concentraciones de gas caliente y materia oscura, como el SMACS 0723 y está repleto de miles de galaxias, según la imagen infrarroja reproducida por la NASA en base a la información del telescopio espacial James Webb[1].

La expansión del Universo es el aumento progresivo de la distancia entre sus grandes estructuras, considerando su parte observable, comportamiento que continuará mientras esa condición no mute a ser un cosmos en contracción.

[1 https://ciencia.nasa.gov/webb-ofrece-la-imagen-infrarroja-mas-profunda-del-universo]

Como lo muestra la Figura 3-8, la expansión del Universo vincula el "**Factor de Escala Cósmico, a**"; una cifra adimensional, que indica la relación entre la lejanía entre dos puntos de este en un momento dado, respecto de la distancia que los separa en otro instante, tomado como referencia. La misma figura separa tres periodos de expansión, iniciando con la **inflación,** de comportamiento exponencial y de ínfima duración, que dio un tremendo impulso al espacio. Vino después una ***expansión en desaceleración***, que perduró unos 7 mil 700 millones de años. Se pensaba que la gravedad seguiría frenando la expansión, ¡pero no!, en 1998 se descubrió, que desde hace 6100 millones de años se experimenta una **expansión acelerada**. Remarcamos que cada uno de esos tres periodos ha sido dependiente del valor de la constante.

3.7 Constante Cosmológica

En 1915 Albert Einstein emitió su teoría de la Relatividad General, que establece que la atracción gravitatoria tiene influencia en la fuerza que ejercen los cuerpos entre ellos, tratando de aproximarse y que, además, deforma el espacio-tiempo curvándolo, como cuando se le enciman a una sábana bolas pesadas. Hasta antes de 1929 se concebía un Universo estático, en cuanto a su tamaño, no se contraía ni expandía, coincidente con el razonamiento de Aristóteles, que había traspasado los tiempos, al percibir un firmamento inmutable. Así, Einstein no aceptaba que las galaxias y sus estrellas se juntaran y mucho menos que se pudieran separar, como lo indicaba la solución de las ecuaciones de su modelo relativista, representando un gran problema por solventar.

Y lo hizo, incrustó en las ecuaciones gravitatorias de su teoría la **constante cosmológica,** logrando su objetivo de modelar un Universo estático. Pero, consecuente con el descubrimiento de Edwin Hubble, de 1929, de un **Universo en expansión**, la eliminó diciendo:

"Es el peor error de mi vida",

Así, con esa frase Einstein reconoció que las galaxias más lejanas se separaban unas de otras y lo hacían más rápido a razón de que tan lejos se encontraran.

En este siglo XXI, el interés científico por la Constante Cosmológica "ha revivido". Esto se debe a que en 1998 Saul Permutter, Brian Schimidt y Adam Riess, descubrieron que el cosmos se expande en forma acelerada, lo que les valió el premio Nobel de Física en el año 2011.[1]

[1Saul   Perlmutter,   Brian   P.   Schmidt   and   Adam   G.   Riess, https://www.nobelprize.org/prizes/physics/2011/summary/]

COROLARIO:

¡La **energía oscura** causa la **expansión acelerada** y la **Constante Cosmológica** revive!, porqué se presume alguna relación con la densidad de la **energía oscura**.

Capítulo 4: Cosmología de Fin del Todo
Del Universo al Apocalipsis Terrícola

4.1 Introducción

Los capítulos previos señalan que narrar una trama de muerte es un desafío gigante y que saber cuánto le resta a nuestro Universo resulta incierto y enigmático, siendo un suceso que tendrá que acontecer, pues todo principio tiene un final. Con base en la teoría Cosmológica Cíclica Conforme, del físico Roger Penrose, en capítulos anteriores se exteriorizó que la historia de nuestro Universo podría ser un Sistema Cosmológico Cíclico Cerrado, con eones de creación-evolución-muerte-creación, ver Figura 4-1. Esto implica que nuestro Universo, inmerso en el Multiverso, deberá cerrar este ciclo arrancando otro, para que con su clausura se desencadene la génesis de "vida nueva".

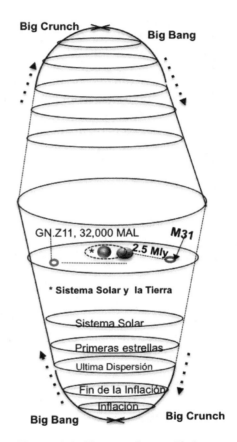

Figura 4-1 Sistema Cosmológico
Cíclico Cerrado (SCCC)

No se puede concretar como y cuando morirá el Universo, incluyendo en este destino fatal Sol, Tierra y hombre. Sobre el tema se abordan teorías sobre la culminación del cosmos, implicando galaxias, sistemas planetarios y nuestro Sistema Solar, con sus terrícolas obviamente.

La Tierra a sufrido impactos de cometas y asteroides, la extinción de los dinosaurios se carga a uno. ¡**El riesgo sigue latente**!, por eso no se omite el asunto. El Calentamiento Global, CG, es la amenaza más visible que se ciñe sobre la humanidad y no se le excluye. De no parar el aumento de temperatura traería el "apocalipsis terrícola", así que, haciendo, eco a las acciones mundiales, se trata de manera especial el tema, agregando otro capítulo, resultando el final de la obra, como se comentó al comienzo.

4.2 Nuestro Universo

4.2.1 Preámbulo

El todo y **la nada** son dos conceptos que no deben pasar inadvertidos, que se entienden, por la comprensión tácita del mundo que nos rodea, o por el razonamiento lógico que se les asigna; pero tienen mucho fondo, tanto filosófico como físico, van más allá de ser una simple cuestión de cantidades. El diccionario WordReference.com define el primero como "cosa integra, o que consta de la suma y conjunto de sus partes integrantes, sin que falte alguna". Entonces, es acertado haber escrito, en diversas partes, que *el todo* es nuestro Universo y lo es más si se extiende al Multiverso. Sobre el segundo, la misma fuente define que efectivamente es femenino y significa la "inexistencia, la ausencia absoluta de cualquier ser o cosa".

Por haber dado un sentido físico a **"el todo"**, se requiere hacer lo mismo con **la nada**, saltando de inmediato: es el vacío. No obstante, surge la cuestión ¿se cumple con rigor la definición?, "la ausencia absoluta de cualquier cosa", o ¿es qué **la nada** es solo una cuestión filosófica, porqué "donde se le busque siempre hay algo"? A estos conceptos se dedican sendos apartados adelante.

El capítulo 2, "Universo y termodinámica", se indicó que nuestro Universo es un sistema aislado, al no intercambiar masa y energía con algún otro. Recordemos que entre sistemas se dan intercambios de masa y energía en forma de calor o trabajo. En el aislado **nada entra ni sale** y **la energía siempre permanece la misma**.

La primera ley de la ciencia del calor y la fuerza, que es la Termodinámica, responde al principio de la conservación de la energía, que no se crea ni se destruye, solo se transforma. Nuestro Universo al ser aislado, durante toda su vida no ha cambiado su energía, siempre ha sido igual.

Cada sustancia tiene una entropía finita y positiva y a 0 K adoptaría un valor nulo, permaneciendo sus partículas inmóviles. ¡Pero no! siempre resta una energía residual en las moléculas y habrá movimiento, "un desorden" por decirlo así, concluyendo que la completa quietud dentro de un cuerpo es imposible, invariablemente quedará energía y el cero absoluto es utópico, inalcanzable.

4.2.2 Creacionismo

El creacionismo tiene la presunción: "el universo y las diversas formas de vida que en él existen fueron creadas por Dios de la nada". Esa creencia es diametralmente opuesta a la teoría evolutiva de la ciencia, violando "ni más ni menos" la Ley de la Conservación de la Energía, que establece que nada se crea ni se destruye, solo se transforma. Sí la energía y la materia no se engendran y además el vacío no lo está realmente, al haber energía, implica que el universo no surgió de la nada, fue consecuencia de una transformación.

La teoría evolutiva moderna, que explica el surgimiento y la diversidad de la vida sin recurrir a la doctrina de Dios ni a ningún otro poder divino y la comunidad científica rechazan de tajo el creacionismo. Por otro lado, no es factible responder ¿quién y cuándo se puso la energía ahí? quedando como única respuesta posible al enigma: ¡eso lo dejamos a los dominios de Dios!

4.2.3 El Universo abierto a revelar su vida

4.2.3.1 Introducción

Siempre ha inquietado saber lo relativo al universo, enteramente todo, "sin cabos sueltos", objetivo que implica descifrar, en lo general, su forma, estructura y dimensión y, en lo particular, su génesis, evolución y muerte. Los mayores misterios por resolver son, sin duda, cuál fue el principio y cómo será el final. Como se indicó, una posibilidad la representa el "Sistema Cosmológico Cíclido Cerrado", en donde cada eón inicia con un Big Bang y acaba en un Big Crunch, según se representa en la Figura 4-1.

Todo está ahí, en el Universo mismo, solo hay que espiarlo y modelarlo, acciones efectuadas a través de los siglos, fundándose primero la Astrología y la Cosmogonía y después la Astronomía y la Cosmología, haciendo notar que las dos primeras están basadas en creencias y mitos, por lo que no son consideradas ciencias, como la Astronomía, que etimológicamente viene del griego, significando "ley de las estrellas". La Astronomía estudia las características y los movimientos de los astros (cuerpos celestes) es decir, aquellos objetos individuales y de forma definida que se encuentran en el firmamento.

A la Cosmología el diccionario de la Real Academia Española la define como la "parte de la astronomía que trata las leyes generales, del origen y evolución del Universo, o sea el estudio, a gran escala, de su estructura e historia en su totalidad.

4.2.3.2 Observatorios Ancestrales

Los observatorios son los "ojos del universo", con una historia milenaria, y que, a la par con la evolución tecnológica, han ido develando, quitando o descorriendo, el velo del conocimiento astronómico/cosmológico, permitiendo ver más, mucho más allá de un "universo finito y sin embargo ilimitado", del que se alcanza a ver apenas una pequeña parte de él. El siglo pasado atestiguó "la guerra del telescopio más potente", buscando a la vez los sitios más idóneos del planeta para la observación, estando en la mira el espacio exterior, libre de atmósfera, para expandir aún más la panorámica.

Los astrónomos ancestrales hacían su trabajo con el soporte de sus observatorios, como el del **Caracol** de Chichén Itzá, México, construido entre los años 900 y 1000. Con él, se estudiaban los astros, como Venus, que lo relacionaban con Ba (el espíritu) y Ra (el Dios Solar). O bien el del monumento megalítico **Stonhenge**[1], en Wiltshire, Inglaterra, de lo más antiguo y enigmático, tanto por el manejo de sus pesadas piedras y lajas o losas, como por el uso de la obra, sabiendo que fue edificado entre el 2400-2200 a.C, ¡hace 4400 años!

Al parecer, uno de los motivos de Stonhenge fue estudiar el cielo, inferencia que surge de su alineación con el solsticio de verano. Entonces, posiblemente un porqué edificador fue la celebración de ceremonias o festividades estacionales, relativas con observaciones del sol y la luna. Otra razón de Stonhenge podría ligar al Ocultismo, entendido como el conjunto de conocimientos y prácticas mágicas y misteriosas, pudiendo en este caso, los rituales invocar a la fecundidad, la vida, la muerte y el más allá[1]. Los alineamientos de Carnac, Francia, es el monumento prehistórico más extenso, una herencia de los siglos V y III a.C., que al parecer fue un observatorio astronómico.

[1.https://www.nationalgeographic.com/history/article/stonehenge-1#:~:text=Stonehenge%20in%20southern%20England%20ranks,who%20left%20no%20wr itten%20record.]

4.2.3.3 Cosmología de Aristóteles y Tolomeo

Aristóteles (384 a.C-322 a.C.) nacido en la ciudad de Estagira, al norte de la Antigua Grecia, fue un filósofo polímata, calificado así por sus grandes conocimientos, en diversas materias científicas y humanísticas. Él, junto con su maestro Platón, son los padres de la filosofía occidental. En su libro "Sobre el Cielo" se considera que la Tierra permanecía estacionaria en el centro de todo y que el Sol, la Luna y los planetas establecían órbitas circulares a su alrededor, todo eso cubierto por una cúpula de estrellas fijas, concibiendo dos espacios el interno o sublunar (¿atmósfera?) y el externo o supralunar lleno de éter (¿energía oscura del vacío?).

Las ideas de Aristóteles sobre el Universo traspasaron las diferentes etapas históricas del hombre: Edad Media, Edad Moderna y Edad Contemporánea. Él visualizó un universo eterno e <u>incorruptible,</u> de cuatro dimensiones, tres para los cuerpos y otra más para el movimiento. Incorruptible al no poderse pervertir, o sea perturbar el orden o estado; es decir, era estático e inalterable, percepción adoptada por Issac Newton y Albert Einstein, teniéndose que desprender este último de ella, al inicio de la tercera década del Siglo XX.

Círculos orbitales: 1 Luna 2 Mercurio 3 Venus 4 Sol 5 Marte 6 Júpiter   7 Saturno
Figura 4-2 Modelo Cosmológico Geocéntrico de Tolomeo. Siglo II d.C.

La concepción aristotélica del universo fue adaptada por Claudio Ptolomeo en el siglo II d.C. emitiendo un modelo cosmológico geocéntrico, con la Tierra al centro de todo, con su Luna orbitándola, creando un espacio sublunar. Más allá, en el supralunar, hacían lo propio el Sol y los cinco planetas observados que, copados por las estrellas fijas, se mantenían rotando alrededor de la Tierra, según lo muestra la Figura 4-2. Se suponía que todo el espacio exterior lo llenaba el éter, que sería como la energía oscura del vacío, que hoy día asume la Nueva Cosmología.

Los descubrimientos astronómicos de Aristóteles se debieron sustentar, en gran medida, en la observación del firmamento, exponiendo en aquella obra, "Sobre el Cielo", que la "Ciencia de la Naturaleza" trata prácticamente toda ella, de los cuerpos, de las magnitudes o de las cualidades de estos seres (los cuerpos). La sustancia del cielo constituye el quinto elemento, diverso a los otros cuatro, tierra, agua, aire y fuego, que llena todo el espacio exterior, más allá del sublunar. Esa materia supralunar fue el éter, que, a diferencia del solvente químico, era más puro y brillante que el aire, ocupando todo el firmamento.

La visión aristotélica sobre el cosmos, basada en la contemplación y el pensamiento, es por demás fantástica. Sobre el Cielo cita: "es preciso que consideremos ahora la naturaleza del mismo Universo, tanto si es <u>infinito en magnitud como si es finito</u>", incertidumbre de mucho fondo científico, que se mantiene viva.

4.3 Primera Revolución Cosmológica: Copérnico, Newton y Kepler

Mucho antes de la Primera Revolución Industrial, que es el proceso de transformación económico, social y tecnológico, iniciada en la segunda mitad del siglo XVIII, en el Reino de la Gran Bretaña y que concluyó entre 1820 y 1840, se inició la **Revolución Científica**, arrancada por Nicolás Copérnico, cambiando de tajo la visión de Ptolomeo. Copérnico "dio el primer gran salto cosmológico de la humanidad", al proponer el **Modelo Heliocéntrico del Universo**.

Aquella teoría de Ptolomeo, Figura 4-2, había pasado a ser historia, disparando sin duda un gran dilema, porqué su universo era el ideal, al conciliar la ciencia con los planteamientos de la Iglesia sobre el cielo: "el mundo al centro de todo, con la Luna el Sol y los planetas girando a su alrededor, con una esfera de estrellas fijas, con espacio suficiente, más arriba, para el Cielo, conceptuado como el Paraíso de las almas buenas". La "Reingeniería Copernicana" había puesto la "página en blanco" reinventando nada menos "el todo", el Universo, iniciando lo que debió ser un colosal reto, "un cambio de cultura astronómica y cósmica"; un desafío enorme al trastocar a Occidente, porqué el geocentrismo era la base europea para el estudio de los astros.

Sí, Copérnico "dio el primer gran brinco cosmológico de la humanidad", al proponer un **Modelo Heliocéntrico del Universo**, Figura 4-3, con el Sol al centro de todo, los planetas girando con órbitas circulares, a su alrededor y la Luna en traslación rodeando la Tierra. Los círculos se adoptaron

Círculos orbitales: Sol centro de: 1 Mercurio 2 Venus 3 Tierra 4 Marte 5 Júpiter 6 Saturno
Figura 4-3 Primera Revolución Cosmológica. Del Modelo Heliocéntrico, de Nicolás Copérnico,
a la Ley de la Gravitación Universal, de Isaac Newton

buscando las trayectorias perfectas. La publicación de la teoría se emitió en **1543**. No obstante, se conservó intocable la esfera de estrellas fijas, dejando un espacio infinito para situar el Cielo.

La primera Revolución Cosmológica, puede ubicarse en el periodo entre la formalización del Modelo Heliocéntrico de Copérnico, en 1543, y la publicación, por Isaac Newton, de la **Ley de Gravitación Universal**, el 5 de julio de 1687, que establece que la fuerza de atracción entre dos cuerpos es directamente proporcional a su masa e inversamente proporcional al cuadrado de la distancia que los separa. La teoría de Newton es primordial para entender y modelar la naturaleza del universo, relativa a la fuerza de gravedad de los cuerpos, la que nos mantiene "con los pies en la tierra", los movimientos de rotación y traslación de los planetas, la aceleración de un asteroide que cae al planeta y demás.

Newton era un religioso convencido de que el Universo era una creación divina y que debería ser eterno, infinito e inmutable y que las estrellas ocuparían solo una parte finita del espacio. Pero, la Ley de Gravitación Universal las obligaría a juntarse en un punto, porqué la misma determinaba un cosmos en contracción. A Este problema él le dio solución en una carta a Richard Bentley diciendo: "sí la materia está distribuida de manera uniforme, por todo el espacio infinito, no podría concentrarse en una masa". En la misma comunicación el físico justifica sus supuestos de la conglomeración, no una sola masa mayúscula sino de muchas grandes masas, que acreditaría la formación del Sol y "las estrellas fijas".

La **Revolución Científica**[1] se puede ver como el replanteamiento del conocimiento en diversos campos, destacando principalmente la Astronomía, Física, Matemáticas, Biología, Química y Anatomía. Esta revolución o cambio global florece en los siglos XVI y XVII, motivada por un ideal de ruptura con el pensamiento de la Edad Media llevándolo a una transición hacia el pensamiento analítico, económico y científico de la Edad Moderna[1]. Fue en este lapso en que las nuevas ideas y conocimientos en esas disciplinas, transformaron las visiones antiguas sobre la realidad y sentaron las bases de la "ciencia moderna", a partir del Renacimiento. La edad moderna es la etapa de la historia europea que va de mediados del siglo XV hasta finales del siglo XVIII.

[1 S.M.Guy Guerra, G. de Conti Macedo, Tania M. de Castro Carvalho Neto, Revolución Científica, Tecnológica y Energética: La Influencia sobre el Pensamiento Económico de los siglos XVI y XVI, Revista Galega de Economía, V 15, No. 2, 2006, ISSN 1132-2799]

Sobre la Cosmología y Astrología, en particular, lo más trascendente de la **Revolución Científica** es el heliocentrismo defendido por Nicolás Copérnico, Galileo Galilei, Giordano Bruno y otros más, movimiento que hizo a un lado los intereses místicos, respecto a la concepción del Universo. Pero la transformación no fue gratis, hubo persecución, cárcel, castigo y ejecuciones, como el de Galileo Galilei, a quien en 1616 la Santa Inquisición de la Iglesia, le prohibió defender, divulgar, enseñar y sostener esa teoría, o la de Giordano Bruno, que acabó quemado en la hoguera, por haber desafiado a la Iglesia e ir en contra de las ideas vigentes; por ejemplo, negar que la Tierra era el centro del Universo.

Haber acotado la Primer Revolución Cosmológica, entre 1543 y 1687, se debe a que esos años son dos hitos históricos, vitales para la Cosmología,

Astrología y la Física. En 1543, gracias al empeño personal de Rheticus, apareció en Núremberg la versión completa de *"Sobre las revoluciones de los orbes celestes"*, la gran obra en la que Nicolás Copérnico exponía su modelo de cosmos: un universo cerrado con el sol en el centro y los demás astros girando a su alrededor.

Es muy trascendente que el 5 de julio de 1687 marcó su influencia en la fundamentación de la ciencia moderna. Ese día salió una obra, escrita por Isaac Newton, mejor conocida como "Principia", formalmente: "Philosophiæ naturalis principia mathematica" o "Principios matemáticos de la filosofía natural". Respecto al cosmos, las leyes de Newton permiten calcular el movimiento de los planetas, siendo solo uno de sus potenciales, que sumado con los otros comentados, manifiesta la grandeza del modelo del célebre físico, teólogo, alquimista, matemático e inventor inglés.

El periodo que estamos refiriendo, fue rico en contribuciones a la Cosmología, por otros grandes científicos. En 1611, Galileo Galilei osó proponer en Roma al Sol como el centro del Universo, después de haber descubierto el telescopio en 1609 y observar los anillos de Saturno en 1610, entre otras muchos descubrimientos y aportaciones a la ciencia y tecnología. El Modelo Heliocéntrico de Nicolás Copérnico, de movimientos circulares, publicado en 1543 fue mejorado en 1584 por Giordano Bruno al proponer un universo infinito, con muchos mundos fuera del Sistema Solar. La teoría copernicana fue enriquecida, aún más en 1609, ya que Kepler propuso entonces sus leyes, que modificaron las trayectorias circulares, supuestas como perfectas, por órbitas elípticas, que es como se mueven los planetas alrededor del Astro Rey.

4.4 Segunda Revolución Cosmológica: Einstein, Planck y Hubble

Una mentira "luego de repetirse mil veces" resulta "una verdad incuestionable". Así, a algunas citas se le atribuyen a algún personaje, como aquella del físico danés Niels Bohr: "es muy difícil hacer predicciones, especialmente sobre el futuro". Ese pensamiento parece lógico, y el que Bohr sea el autor podría ser un mito; pero, después de reiterarlo por doquier se concluiría: es cierto y sí, él lo dijo. A Albert Einstein se le atribuyen cientos de frases y logros científicos, que tal vez algunos no sean verdad o quizás solo sean exagerados. He aquí algunas cuestiones relacionadas con Einstein:

❖ *La anécdota de Marilyn Monroe y Einstein cuando la primera supuestamente le dice al segundo: "maestro, usted y yo deberíamos tener un hijo: tendría mi belleza y su inteligencia". Se supone que Einstein respondió: "Temo que el experimento salga a la inversa y terminemos con un hijo con mi belleza y su inteligencia".*

❖ *Einstein logra sus teorías que le llevaron merecedor del Nobel, gracias a su genialidad, existiendo evidencias de la importancia que tuvo la participación de su primera Esposa, aun cuando las afirmaciones de Einstein le dieran poco crédito y afirmando que ella solo le resolvía algunas cuestiones matemáticas.*

El de Marilyn es aparentemente falso y en diversos medios se señala que se había utilizado previamente en otras circunstancias; dada su relevancia, no le dedicaremos más espacio. La segunda afirmación es controversial pues investigaciones actuales señalan que el efecto fotoeléctrico y otras investigaciones de Einstein eran más bien impulsadas por su primera esposa Mileva Maric, quien incluso debería ser reconocida como coautora de las publicaciones, que le permitieron a Einstein ganar el Nobel. Hay quienes señalan las siguientes expresiones como verdaderas:

- ❖ "Mileva, Madre olvidada de la Teoría de la Relatividad"[1]
- ❖ "Einstein envía una carta a Mileva con algunas condiciones para seguir casados: tener su ropa ordenada, no esperar afecto de su parte"[2]
- ❖ "Familiares de Mileva y Einstein señalan que está pareja pasaba largas tardes, discutiendo sobre física". La aportación de Mileva nos suena evidente. [3]
- ❖ Una carta de Einstein a Mileva señala: "nuestra teoría del movimiento relativo"[1, 2, 3]
- ❖ "…Sin pruebas para confirmar o negar la participación de Mileva, en la obra de Albert Einstein"[1,2,3]

[[1]M. González Moreno, "Mileva Einstein-Maric: la madre <<olvidada>> de la teoría de la relatividad", CLEPSYDRA, 5; enero 2006, pp. 95-102;
[2]Aitana Palomar S, Mileva Maric, ¿Madre de la Teoría de la Relatividad?, National Geographic https://historia.nationalgeographic.com.es/a/mileva-maric-madre-teoria-relatividad_17700#:~:text=Mari%C4%87%20fue%20una%20destacada%20matem%C3%A1tica,investigaciones%20atribuidas%20individualmente%20a%20Einstein
[3]Ana María de la Torre sierra, "Género y Ciencia: Recuperando el Legado de la física matemática Mileva Maric"; Capítulo 4 del libro Estudios de género en tiempos de amenaza, Editorial Dykinson, 2021, pag 82-97, ISBN 9788413773278: https://www.dykinson.com/libros/estudios-de-genero-en-tiempos-de-amenaza/9788413773278/]

Los partidarios de la genialidad de Mileva señalan que ella tenía méritos para compartir el Nobel con su marido. La cuestión es controversial y no nos pronunciamos aquí sobre ese punto, aun cuando ya lo tenemos en el tintero, tomando forma en un trabajo futuro. Por lo pronto dejamos referencias al lector para que norme su criterio, para aceptar o no la genialidad de Mileva, que para nosotros fue una gran científica.

Es concluyente que pasajes históricos se les atribuyan a celebridades, "poniendo en su boca" palabras que nunca dijeron. Como el caso del físico y matemático norirlandés William Thomson (1824–1907) más conocido como Lord Kelvin, a quien ningún juicio absolverá de ser quien propició la corriente de pensamiento, de finales del siglo XIX, de algo tan insensato como que la "física estaba muerta", una consecuencia de su declaración: "Ahora no resta nada nuevo que descubrir en la física, todo lo que queda es la medición cada vez más precisa". Al parecer lo anterior es una paráfrasis, o interpretación, de lo expuesto, en 1884, por el científico de esa erudición Albert A. Michelson: "… parece probable que la mayoría de los principios subyacentes se han ya firmemente establecido"[1].

[1 https://www.bbvaopenmind.com "Ciencia/Física"]

Dicen que cuando "el río suena agua lleva". De una u otra forma, aduciendo a los grandes descubrimientos, esa idea de una "física cuasi muerta" es real y algo debería acontecer para liquidar esa miopía científica. Pues bien, en aquellos años, con el cambio del siglo, según explica bbvaopenmind.com, y otros sitios, el alemán Max Planck publicó su célebre postulado, según el cual la energía electromagnética no puede tomar cualquier valor, sino que siempre se emite en múltiplos de una unidad elemental o cuantos, o sea esa energía no es continua. La idea de que esa energía fuera discreta resultaba tan incongruente, para la física de aquellos tiempos; tanto que el propio Planck pensaba en aquel principio como una especie de artificio matemático, sin correspondencia con la realidad.

El año 1905 quedará como el más prodigioso del siglo XX, pues Albert Einstein de 26 años irrumpió como un icono del mundo de la ciencia y en especial de la Física. Fue cuando este personaje publicó cuatro importantísimos artículos; cada uno ofreciendo una aportación a la sabiduría. El primero es "Sobre un trabajo heurístico, que surge de un hallazgo casual, concerniente a la producción y transformación de la luz", fenómeno que justificaba el gran descubrimiento de Planck, sobre

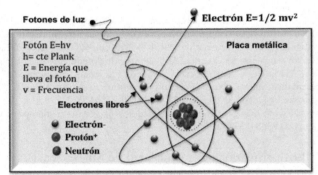

Figura 4-4 Efecto fotoeléctrico. Los fotones desprenden electrones

los cuantos de la energía electromagnética. Un material fotoeléctrico despide electrones al incidir sobre él una radiación de luz visible o ultravioleta, Figura 4-4.

Respecto a ese trabajo del efecto fotoeléctrico, en 1902, el físico alemán Philipp Lenard, había descubierto que cuando la luz impacta una placa metálica, la energía de los rayos puede desprender electrones de esta, como lo ilustra la Figura 4-4. Einstein pudo comprobar el fenómeno fotoeléctrico, que no había podido lograrse, siendo galardonado en 1921 con el premio Nobel de Física

Einstein asumió que la energía de la luz no estaba distribuida uniformemente en todo el frente de onda, como lo contemplaba la teoría clásica. Además, la cantidad de energía en cada una de estas regiones no sería una cantidad cualquiera, sino proporcional (constante h de Planck) a la frecuencia f *(v en la fórmula de Planck)* de la onda de luz. Lo descubierto por Max Planck fue grandioso pues revolucionaba la Física, al permitir estudiar el efecto de la mecánica cuántica, en los primeros momentos de nuestro Universo, después del Big Bang.

Es concluyente que la Física Cuántica, es una parte de la física Moderna, representando la mayor innovación científica del siglo XX. Aglutina un conjunto de teorías que explican cómo se comportan las partículas hasta las más diminutas del universo, facilitando conocer características, propiedades e interacciones de la materia a nivel atómico y subatómico, involucrando las fuerzas de la naturaleza, los campos, entre otros participantes de este mundo.

La materia nació el 14 de diciembre de 1900, en una conferencia del profesor Max Planck, en la Sociedad de Física de Berlín, evento donde él abordó, por primera vez, algunos de sus conceptos que no habían podido justificarse con las leyes de la Física Clásica, como la del cuanto_o quantum de energía.

En 1905 Albert Einstein publicó su Teoría de la Relatividad Especial[1], que trata fenómenos, que pueden parecer algo extraños, como el avance más lento del tiempo conforme se viaja a más velocidad, implicando que el vehículo empleado sea cada vez más pesado. Consideró un "universo estático, sin expansión ni contracción, "finito y sin embargo ilimitado", de curvatura espacial esférica, regido por cuatro dimensiones, tres espaciales y el tiempo, "espacio-tiempo". En 1917 divulgó la Teoría de la Relatividad General [1], representando, junto con la de 1905, una gran revolución científica.

[1] National Geographics, Historia, Einstein, https://historia.nationalgeographic.com.es/personajes/einstein, Último acceso: 22/10/2022]

A la ecuación gravitatoria de la Teoría de Relatividad General, la afectó con su "constante cosmológica", Λ, para conciliar su modelo con la dinámica expansiva del cosmos, que Einstein no concebía. Así pudo satisfacer su propuesta de un todo estático en el tiempo, con una distribución uniforme de materia en las escalas más grandes, visión astronómica adoptada por siglos. La uniformidad, a gran escala, es un principio cosmológico, que implica una expansión a la misma velocidad en todas las direcciones, premisa clave de la Cosmología. Pero, un nuevo estudio indica que podría no ser así, ya que datos captados de diversos satélites sugieren que la expansión del Universo podría no estar produciéndose como los científicos la han considerado[2].

[[2]La expansión del universo podría no ser uniforme, www.nationalgeographic.com.es]

Aquella constante cosmológica el mismo Einstein la eliminó en 1931, diciendo "ha sido el mayor error de mi vida", al aceptar que nuestro Universo está en expansión, dinámica comprobada en 1929, gracias a los trabajos de Edwin Powell Hubble (1889-1953)

En 1929 Hubble demostró que nuestro Universo no es estático se expande, representando "un ayer y hoy cosmológico". Además, en 1998 Saul Permutter, Brian P. Schmidt y Adam G. Riess, premios Nobel 2011, hacen un descubrimiento increíble, a partir de observaciones de supernovas lejanas, revelando que nuestro Universo no solo se expande, ¡lo hace de manera acelerada!

Todo parece indicar que aquel "error garrafal de Einstein" no lo fue en absoluto, pues la constante cosmológica está de moda científica. El efecto buscado en 1917 fue compensar la fuerza atrayente de la gravedad, para mantener un universo estático; supuesto aristotélico, propagado más de dos mil años. El reflexionar nos lleva a concluir que el genio concebía (sin saberlo) la energía oscura del vacío, solo que el efecto en nuestro Universo no es equilibrante, provoca su expansión acelerada.

4.5 Observatorios del Siglo XX y XXI

El conocimiento del cosmos ha avanzado conforme la ciencia y la tecnología han evolucionado las leyes y las herramientas necesarias para lograr tan difícil tarea. Como el primer telescopio casero, de ocho aumentos, de Galileo Galilei, presentado en 1609 y antecesor de los potentes aparatos del siglo XX, que viabilizan espiar el Sistema Solar y más allá del "Camino de Leche" que lo contiene.

Así, el telescopio Hooker de 254 cm de abertura, instalado en 1917 en el observatorio de Monte Wilson, cerca de Pasadena California, facilitó a Edwin P. Hubble transformar la frontera del conocimiento, extendiéndolo muy por afuera de la Vía Láctea, clasificando galaxias por lejanía y tipo. Lo más notable fue que en 1929 Hubble demostró que el cosmos, pleno de galaxias, se encontraba en expansión, para nada era estático, su espacio "se estiraba como un globo", dejando claro que nuestro Universo distaba en mucho de ser tan solo la Vía Láctea.

Los observatorios se han armado con potentes herramientas, para ver más, mucho más del cosmos, ensanchando en mucho el universo observable. Como ALMA, el más poderoso en tierra del mundo, que inició su construcción en 2003, en el desierto más árido del mundo, ubicando sus antenas a 5 mil msnm (metros sobre el nivel del mar), en el llano Chajnantor, al norte de Chile, cerca de San Pedro Atacama. El sitio ofrece cualidades superiores para la captación de la información del Universo, por lo enrarecido que está, a esa altura, la capa de gases que rodea la Tierra. El 3 de octubre de 2021, ALMA celebró 10 años de la primera imagen, con un concurso para nombrar sus antenas. La visita al sitio almaobservatory.org ilustra y documenta infinidad de aportaciones cosmológicas, producto de sus 66 antenas, 54 de 12 m y 12 de 7 m, disponiendo de un centro de operaciones a 2900 m sobre el nivel del mar.

Abundando, se puede comentar que la atmósfera protege la vida en la Tierra, pero afecta las ondas electromagnéticas, reveladoras de la vida de **nuestro Universo**, degradando la calidad de las imágenes de los telescopios plantados en tierra, presentándose borrosas y titilantes. Las señales de radio (ondas electromagnéticas) centellean de manera muy similar a como se aprecian las estrellas, que no lo hacen. Esos defectos de la señal los reduce la óptica adaptativa, una técnica que permite contrarrestar, en tiempo real, las deformaciones de las imágenes astronómicas, debidas a los efectos de la atmósfera de la Tierra; pero, como no es factible eliminar al cien por ciento "ese ruido", no queda más remedio que brincar el obstáculo de la atmósfera, colocando arriba de ella telescopio como el James Web[1].

En los 50´s y 60´s del Siglo XX, el temor de la tercera guerra mundial era grande, pero el interés mayor de las naciones más poderosas fue la supremacía del espacio exterior, incluyendo diversos proyectos, colocando satélites en órbita y realizando lanzamientos de naves autómatas y tripuladas[2].

[[1]Vidal Fernández Canales, Formación de Imágenes en Óptica Adaptativa, Tesis Doctoral, Universidad de Cantabria, enero 2000;
[2]*Laura Cortés Rabayo;* Historia espacial: recuento histórico de su evolución y desarrollo, Revista de derecho, comunicaciones y nuevas tecnologías, Ed. Universidad de los Andes, DOI: dx.doi.org/10.15425/redecom.12.2014.05]

Así, el 25 julio de 1969 la NASA cosechó uno de sus mayores logros, por el éxito de la misión Apolo 11, logrando que Neil Alden Armstrong pusiera sus pies en la Luna, con su célebre frase:
"Es un pequeño paso de un hombre, pero un gran salto para la humanidad".

De esta manera, la industria espacial fue evolucionando y el 20 de noviembre de 1998 se realizó el lanzamiento de la Estación Espacial Internacional, un laboratorio vital para estudiar el impacto de la microgravedad y otras propiedades de la vida cotidiana de sus habitantes. Este complejo se ubica a una altura entre 418 y 420 Km sobre el nivel del mar (es decir, 418 mil y 420 mil msnm), orbita la Tierra a 27,600 km/h, con un período de 92.68 minutos. Ya en este siglo, destacan las sondas espaciales para la exploración del Sistema Solar y sus planetas y "mucho más allá", como Juno y Parker de la Nasa. La primera "escuchó" a Ganemides[1] la Luna de Júpiter, aprovechando que cada astro tiene su "propio sonido", lograda al convertir en audio su radiación. La segunda, Parker, logró "Tocar al Sol", volando a través de su corona[2].

[[3]https://www.lanasa.net/ /sondas/espectacular-sobrevuelo-de-juno-jupiter-y-ganimedes-su-luna-helada;
[2]https://ciencia.nasa. misiones gov/la-sonda-solar-parker-una-misi%C3%B3n-para-tocar-el-sol/]

Los observatorios, "ojos cosmológicos", son vitales por captar las ondas electromagnéticas y, "allá arriba", en el espacio exterior, después de la exósfera, o 500 km, son mucho más libres de las perturbaciones atmosféricas. Los telescopios han sido preponderantes para develar "las cortinas de los ventanales del cosmos", representando el medio que más ha apoyado a la ciencia, para el increíble avance del hombre en este campo, al facilitar la observación y detección de los cuerpos celestes, como son, entre otros, diferentes tipos de estrellas, agujeros negros, nebulosas ("cementerio y fábrica de estrellas"). Sus imágenes soportan, en gran medida, las distintas teorías científicas.

Como se abordó en un Capítulo previo, ha sido decisiva la trascendencia del telescopio HST ("Hubble Space Telescope") que en 1990 se puso en órbita circular, en el exterior de la atmósfera terrestre a 593 kilómetros sobre el nivel del mar. Este observatorio será jubilado, por el potente James Webb, JMST.

El JWST (James Webb Telescope) lanzado al espacio el 25 de diciembre de 2021, es la herramienta más potente en la tarea de saber más sobre la vida y evolución del universo. No orbita la Tierra, como el Hubble, sino al Sol. Se ubica a 1.5 millones de km del planeta, en lo que se llama punto Lagrange o L2, manteniéndose así alineado con la Tierra, mientras se mueve alrededor del Astro Rey.

El 12 de julio de 2022 es una fecha memorable por darse a conocer al mundo las primeras imágenes, capturadas por ese portento tecnológico, desplegando cientos de galaxias, nebulosas y muchos otros cuerpos celestes. Es apenas la visión de "un gránulo cosmológico de nuestro Universo", que invita a la introspección sobre lo "minúsculo que somos dentro de la grandeza que tenemos".

El sitio oficial del JWST, https://www.jwst.nasa.gov, cita:
"Será el principal observatorio de la próxima década, al servicio de miles de astrónomos en todo el mundo".

Ese día hace realidad la premisa establecida de "estudiar todas las fases de la historia de nuestro Universo, desde los primeros destellos luminosos, después del Big Bang, la formación de sistemas solares capaces de albergar vida en planetas similares a la Tierra y la evolución de nuestro Sistema Solar". Con este prodigio de la ciencia se localizarán cientos de exoplanetas, habitables para los humanos del futuro y se detectarán mundos alienígenas, que muy probablemente existen.

Con el James Webb, los observatorios terrestres como ALMA, el Gran Colisionador de Hadrones (LHC) y otras herramientas, como el telescopio espacial Fermi de rayos gamma (FGST) apoyados con poderosas computadoras se conocerán muchos más misterios del universo. Los rayos gamma son la forma más energética de radiación que existe y liberan una gran cantidad de energía y son desprendidos por distintos cuerpos, como las supernovas y los agujeros negros al consumir materia.

4.6 Nueva Cosmología y Teoría del Todo: tercera y cuarta Revoluciones Cosmológicas

4.6.1 Presentación

La Mecánica Cuántica nace con el siglo XX y un poco después, en 1905 se lanza la teoría de la Relatividad Especial, creando una nueva Física, que en conjunto con la Relatividad General reenfocan la Cosmología, estudiando la estructura a gran escala, y la dinámica del Universo, tratando de responder el origen, evolución y destino de este. Se señaló que, con el descubrimiento de Hubble, de 1929, se desechó la idea milenaria de un universo estático.

No solo Planck, Einstein y Hubble debieron de haberse incluido, en la nominación que se hizo de los precursores de los avances de la ciencia, que marcaron el inicio, de la que, inéditamente bautizamos: "Segunda Revolución Cosmológica, la del Siglo XX".

Hay otros muchos científicos que edificaron la obra, como el sacerdote católico Belga Georges Lemaître y el matemático Alexander Friedman. El primero, en 1927, presentó una nueva solución a las ecuaciones de la Relatividad General, la cual mostraba que las galaxias en espiral se separaban; o sea, el universo se expandía, como se demostró dos años adelante.

El mismo científico en 1931 amplió su modelo de universo, incorporando la radiactividad y los aportes de la física cuántica, proponiendo un gran "**átomo primigenio**" que contenía **el todo**, aporte desechado después con la teoría del **Big Bang**; una designación peyorativa de 1949 del astrofísico Fred Hoyle. En 1922 se emiten las famosas "ecuaciones de Friedman", que son un modelo matemático utilizadas en Cosmología, para determinar la expansión métrica del espacio, en modelos homogéneos e isótropos del universo.

4.6.2 Modelo Cosmológico Estándar: Base de la tercera Revolución Cosmológica

Hasta finales del siglo pasado se había develado, en buena parte el

Universo, regido primordialmente por sus tres periodos de expansión: inflación, desaceleración y aceleración. Los trabajos de Vera Florence Cooper Rubin de 1970, sobre la rotación de las galaxias, evidenciaron que el cosmos no solo está dotado con materia bariónica, también contiene otra muy enigmática y en una proporción de 85.7% vs. 14.3%, que se conoce como "materia oscura" o "Cold Dark Matter", cuya existencia se detectó desde los 30´s del siglo pasado, denominándola "materia oculta", sin tomarla muy en cuenta. Al respecto, el astrónomo suizo Fritz Zwicky observó, que un cúmulo de galaxias giraban rápido alrededor de un centro de masa común

Esta materia podría imaginarse como el contorno, "el esqueleto", de las grandes estructuras, que están edificadas por cúmulos de galaxias y las galaxias mismas. La peculiar materia oscura no emite radiación electromagnética, lo que la vuelve invisible, indetectable en forma directa. Por otra parte, en 1998 se reveló que el cosmos se expandía de manera acelerada, cobrando vida la Constante Cosmológica, "Lambda" que, incorporada en las ecuaciones de la teoría de la Relatividad General, pueden modelar un universo sin expansión y en contracción. En 1998, esos dos ingredientes, "Lambda" y "Cold Dark Matter", se unen

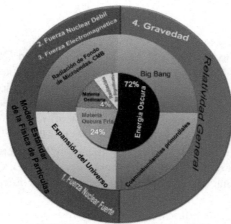

Figura 4-5 Modelo Cosmológico Estándar, ΛCDM

para crear el **ΛCDM, o sea** el **Modelo Cosmológico Estándar**[1,2,3], que hemos ilustrado en la Figura 4-5.

[[1]Alberto Galindo Tixaire, La nueva Cosmología: Principio y fin del universo: Rev.R.Acad.Cienc.Exact.Fís.Nat. (Esp) Vol. 99, N°. 1, pp 113-159, 2005;
[2] Pilar Luis Peña, Historia del modelo cosmológico estándar LCDM, la cosmología física tras el modelo del big bang: Master Tesis, UNED, 2015;
3 Eusebio Sánchez, Los enigmas de la nueva cosmología: expansión y uniformidad del universo, Conferencia Magistral para Ramon ARECES, Real Acadeia de Ciencias, CIEMAT, 5 de abril del 2022 , disponible en https://www.youtube.com/watch?v=UbsvyJ696Hc , último acceso, 15/Oct/2022.]

El esquema de la Figura 4-5, dispone de un núcleo regidor del comportamiento del Universo, al contener la materia bariónica ordinaria, la materia oscura fría, la energía oscura y la radiación.

Para la identificación de la evolución del cosmos, el núcleo se arropa con cuatro teorías fundamentales: el Big Bang, la expansión, la Radiación del Fondo de Microondas, CMB y las cosmoabundancias primordiales, que refieren el origen de los elementos más ligeros, surgidos de la sopa cuántica primigenia, como el deuterio, helio y tal vez otros más pesados como el litio;

lo anterior según el trabajo de abril de 1948, publicado por Alpher, Herman y Gamow. Más afuera se puede apreciar, en la Figura 4-5, del lado derecho, la Relatividad General, que modela el macrocosmos, dominado por la cuarta fuerza de la naturaleza, la gravedad de las grandes masas. Del lado izquierdo está el Modelo Estándar de la Física de Partículas, encargada del microcosmos, de lo atómico, con sus tres fuerzas de la naturaleza: la nuclear fuerte, la nuclear débil y la electromagnética.Ahora sabemos que el cosmos se ha enfriado desde una temperatura no menor a 100 quintillones K, o 10^{32} K, a los 2.7 K, según esa radiación CMB; o sea, la densidad de la energía oscura, que representa el 72%, ha decrecido asimismo enormemente. La materia oscura en la periferia de las galaxias constituye un 24% y la materia bariónica ordinaria el 4%, siendo el hidrógeno y el helio los elementos más vastos del universo, con un 98%.

El Modelo Cosmológico Estándar, ΛCDM, abrevia "Lambda", Λ, y "Cold Dark Matter", CDM. En éste, Λ es la Constante Cosmológica, que estuvo incorporada en las ecuaciones gravitacionales de la teoría relativista. El marco teórico del ΛCDM se apega primeramente al **principio cosmológico**, que afirma que, a escalas espaciales, de suficiente longitud, el Universo es **isótropo** y **homogéneo o uniforme**, al ver en todas direcciones las mismas propiedades y expandirse a la misma velocidad en todas ellas. Un nuevo estudio indica que el cosmos podría no ser tan uniforme [1], ya que datos captados de diversos satélites sugieren que la expansión del Universo podría no producirse como los científicos la han considerado.
[[1]https://www.nationalgeographic.com.es/ciencia/expansion-universo-podria-no-ser-uniforme_15410]

La Nueva Cosmología, la del Siglo XXI, se soporta en el Modelo Cosmológico Estándar, reconocido con el acrónimo ΛCDM. Este modelo explica casi entero el ciclo de vida del Universo, que abarca seis etapas de larguísima duración, tan prolongadas que nominaremos eones cosmológicos. El eón infantil, de unos 500 millones de años, es la etapa primordial o primitiva, que arrancó con la génesis, gracias a un supuesto **Big Bang**, que propiciaría una **inflación fugaz** y un crecimiento exponencial enorme, abatiendo raudamente la temperatura, permitiendo que en unos segundos se crearan las partículas elementales, edificadoras de los átomos más ligeros, que a su vez fueros formando estrellas, para iluminar la opacidad del cosmos. El **eón prenatal del Universo** no lo comentamos al desconocerse por completo.

Estas estrellas se aglomeraron formando galaxias. El Universo paso la adolescencia, es ahora un joven de 13800 millones de años y está marcado por las estrellas ("Stelliferous")‡‡‡‡‡ aglomeradas en galaxias, que se separan

---

‡‡‡‡‡‡‡ Fred Adams and Greg Laughlin, The Five Ages of the Universe, Amazon Kindle.

o expanden aceleradamente, debido a la repulsión de la enigmática **energía oscura del vacío**, ignorándose si este proceso eventualmente culminará para entrar a otro de contracción. Esas colosales estructuras se acompañan en su periferia con una misteriosa **materia oscura**, que no se sabe que la compone y solo se detecta de manera indirecta.

La tercera edad del Universo, el de la adultez, sucederá dentro de billones de años. Las estrellas entrarán en un proceso degenerativo, al ir agotando su combustible. Sí la expansión no se revierte y continúa indefinidamente el siguiente eón, el de la ancianidad, estaría pleno de agujeros negros y enanas blancas. No se sabe **cómo y cuándo morirá el Universo**, pero la teoría señala que las enanas blancas de transformarán en enanas negras, que al pasar trillones de años explotarán acabando su existencia. También los agujeros negros morirán al disiparlos la Radiación Hawking.

El Modelo Cosmológico Estándar ha sido clave para explicar toda la historia del Universo; no obstante, existen muchos cabos sueltos, habiendo subrayado y resaltado., algunos, en los párrafos previos; pero, existen otros más, varios ya comentados en capítulos previos y abordados por diferentes científicos en sus trabajos[1,2].

[[1] Fred Adams and Greg Laughlin, The Five Ages of the Universe, Amazon Kindle; [2]Alberto Galindo Tixaire, La nueva Cosmología: Principio y fin del universo, Departamento de Física Teórica. Facultad de Ciencias Físicas. Universidad Complutense, Madrid, España]

4.6.3 Teoría del Todo, la Cuarta Revolución Cosmológica

La Teoría de la Gran Unificación o **Teoría del Todo**, unirá todas las fuerzas de la naturaleza. Será una teoría única cosmológica, modeladora tanto del microcosmos como del macrocosmos. La imaginamos como el ingrediente básico, de lo que podría ser la cuarta **Revolución Cosmológica**, la del Siglo XXII, que de venir antes resultaría grandioso, ¡por lo pronto solo resta esperar!

4.7 El Todo

Según la teoría evolutiva moderna, la creación de *nuestro Universo* se dio luego que éste se contuvo en un volumen mínimo, de máxima densidad, que no pudo perdurar volviéndose inestable, situación que provocó, hace unos 13 mil 800 millones de años, un proceso transformador, nominado *Big Bang*, que disparó un periodo inflacionario de ínfima duración (10^{-33} segundos) seguido de otro de desaceleración, que finalizó hace 6,100 millones de años, dando paso a un eón de expansión acelerada, que es lo que prevalece.

La inflación fue muy breve, tan solo 10^{-33} segundos, en ella cabrían 10 mil trillones de picosegundos. No obstante, según muestra la Figura 4-6, en ese periodo "tan momentáneo" el espacio creció muchísimo, del diámetro de un protón al de una pelota de béisbol, sin que se trate de inferir, con esta analogía, que el cosmos sea un espacio esférico, pues hasta ahora la teoría predominante es que vivimos en un universo plano.

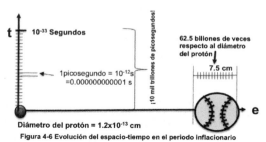

Figura 4-6 Evolución del espacio-tiempo en el periodo inflacionario

Después de la inflación, que siguió una tendencia exponencial, vinieron, lo que podemos llamar "eras de creación", siendo las primeras de muy corta duración, con una ganancia de colosal espacio, permitiéndose la transformación de energía en materia, desde las partículas elementales, luego los átomos y fotones. Después, al paso de millones de años se formaron las estrellas y galaxias.

Desde siempre, el Universo se expande, porqué la energía oscura domina el efecto de las fuerzas de atracción gravitatoria de las galaxias con muchísimas estrellas; en la Vía Láctea hay entre 200 y 400 mil millones. Remachemos que la expansión primero fue desacelerada y luego, hace 6,100 millones de años, cambio a ser acelerada. No obstante, siempre ha ocurrido un "estiramiento del espacio", visto así porqué una ley dicta que "nada se crea ni se destruye, solo se transforma". No obstante, sí el espacio es ilimitado, se le añadiría más a cada instante y la densidad de la energía oscura nunca disminuiría. ¿Será posible?

4.8 La nada

El asegurar que **la nada** no existe implica un gran compromiso, por eso se buscó información calificada, bajando el video, de la gran conferencia de Carlos Frenk, de la Universidad de Durham, UK, galardonado con la medalla y premio Paul Dirac 2020:
"Todo de la nada, como se formó nuestro Universo".
Frenk explica que **la nada** en física es muy peculiar o especial, siendo el vacío, que no lo está, ahí existe energía, llamada **energía oscura, del vacío**. Si a un contenedor se extrae absolutamente todo, la tarea no acaba, siempre se generarán partículas y antipartículas, creándose y destruyéndose entre sí, liberando energía, jugando un papel fundamental el Campo Higgs. El vacío no lo está, no se satisface lo definido.

Este concepto no es solo filosófico, como lo explica el físico teórico Álvaro de Rújula en su artículo publicado por Ciencia-Eulixe: "El vacío no es **la nada** y <u>tampoco está vacío</u>". La densidad de energía del vacío no es cero, o dicho de otra forma, la entropía no es nula, haciendo imposible alcanzar los 0 K (cero grados Kelvin = -273.15 ^{O} C). Asimismo, la física cuántica dicta que una energía residual debe existir en el espacio vacío.

Hay dos premisas dignas de aceptar:

❖ La primera tiene su fundamento en que la **energía oscura** es una forma de energía, presente en todo el espacio, produciendo una presión que tiende a acelerar la expansión del universo, resultando en una fuerza gravitacional repulsiva.

❖ La segunda es que desde 1929 Hubble demostró que el cosmos no es estático, se expande separando cada vez más sus galaxias, siendo un hecho que el Universo se agencia de más y más espacio, contemplando dos escenarios de crecimiento. En el primero se extiende "al más allá del Universo", por lo que este puede crecer "ganando espacio" y en el segundo se transforma el espacio "estirándolo".

El que haya un espacio ilimitado, "el más allá del Universo", parece lo más lógico y hace posible su expansión hacia ese "vacío sin límites". El segundo implica un ensanchamiento de un espacio propio y limitado de nuestro Universo, "estirándose como si fuera una liga", saltando la posibilidad de que el espacio-tiempo inicie un proceso de retracción, volviendo a las condiciones de partida, o bien un fatal rompimiento, desapareciendo el espacio tiempo y el Universo mismo en el evento.

4.9 Sistema Solar

Antes de adentrarnos en el fin de todo, vale recordar que en 1749 Johann Wolfgang Goethe "vino al mundo", uno rocoso de 12,756 km de diámetro, orbitando su estrella a 108,000 kilómetros por hora[1] en la inmensidad de un espacio sin fronteras y que por su esfericidad es un orbe llamado Tierra, el cuerpo celeste que el geocentrismo ptolemaico, consideró el centro de todo, o sea del Universo, ante la duda que heredó Aristóteles[2] a esa dinastía y a nosotros mismos: "la naturaleza del universo puede ser finita en magnitud como infinita".

Ese maravilloso mundo "es la nave sustentable" de 7,950 millones de terrícolas (según worldometers.info, al 23 de diciembre 2022) y al contemplársele desde el espacio lucen sus aguas azules, rodeadas de masas de suelo café y verde, rodeado de nubes blancas, sobre un fondo negro[1].

[[1] https://solarviews.com/span/earth.htm ; [2]Aristóteles, Sobre el Cielo, Amazon, Kindle]

Tierra deriva del latín terra y es el tercero de uno de los sistemas planetarios de la galaxia en espiral nominada **Vía Láctea**, la misma que los romanos bautizaron **"Camino de Leche"**, la que sostiene a ἥλιος, Helios, el Sol, en uno de sus brazos, astro sobre el que giran sus planetas, que en orden de cercanía son: Mercurio, Venus, Tierra, Marte, Jupiter, Saturno, Urano y Neptuno.

En la Figura 4-7 se representan esos 8 planetas; la mitad de ellos, los internos, son <u>rocosos</u> y el resto se sitúan más allá del "cinturón de asteroides", siendo designados como <u>gigantes gaseosos externos</u>, aunque si tienen un núcleo sólido, disponen de anillos y muchos satélites. Además, se le han descubierto al Sistema Solar, cinco planetas enanos[1]: Plutón, Ceres, Eris, Humea y Makemake.

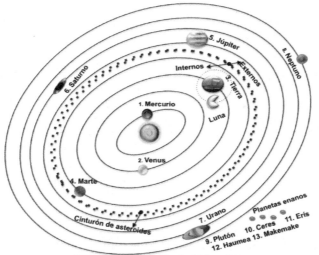

Figura 4-7 Sistema Solar de órbitas elípticas

[[1]Joyce Dejoie, Elizabeth Truelove, the starchild team, Los planetas y los planetas enanos, https://starchild.gsfc.nasa.gov/docs/StarChild_Spanish/docs/StarChild/solar_system_level2/planets.html (starchild.gsfc.nasa.gob "Los Planetas y los Planetas enanos")]

Arriba se resalta "uno de los sistemas planetarios". Se hace porqué de las 200 a 400 mil millones de estrellas estimadas de la Vía Láctea, el Sol y sus planetas es el único conjunto nombrado "**Sistema Solar**", habiéndose ya ubicadas, en la constelación, otras 3200 estrellas con cuerpos celestes orbitando a su alrededor[2], abriendo la posibilidad de la existencia, sino de cientos si de decenas, de exoplanetas, por sus condiciones similares a la Tierra, como el aledaño Alfa Centuri B de la estrella Próxima Centauri, de la constelación austral Centaurus, que se aparta de la Tierra 4.37 años luz, referido ya en capítulos previos[1,2].

[[1]paceplace.nasa.gov "Cuántos Sistemas Solares Hay en Nuestra Galaxia";
[2]https://spaceplace.nasa.gov/other-solar-systems/sp/#:~:text=La%20respuesta%20corta%3A,planetas%20orbitando%20alrededor%20de%20ellas]

El Sol está alejado de la tierra, aproximadamente, una unidad astronómica, 1 UA, o 149,587,870 kilómetros, casi 150 millones de Km. Esa estrella es regente del Sistema Solar, por eso se le distingue como el "Astro Rey" y fue considerado como un dios en las diferentes culturas: Tonatiuh, Helios y Ra en las mitologías azteca, griega y egipcia, respectivamente.

En los medios de comunicación, como Internet, dilucidan que, respecto a la mitología griega, Helios tenía dos hermanas Selene (La Luna) y Eros (la Aurora) hijas del titán Hiperión y la titánide Tea, descendientes de los otros colosos Gea (la Tierra) y Urano (el Cielo). El **Astro Rey** es una estrella, cuyos rayos de luz tardan <u>30 mil años</u> en llegar hasta el centro de la galaxia y <u>ocho minutos</u> en iluminar la Tierra.

4.10 Sistemas planetarios

De acuerdo con el aforismo de Einstein "nuestro Universo es finito y sin embargo no limitado", se puede establecer lo siguiente: <u>la cantidad de sistemas planetarios y exoplanetas que existen es ¡**finita pero no limitada**!</u>

Por ahora lo anterior es ciertamente una conjetura, basada en suponer que conforme avancen los descubrimientos, se rebasará con mucho las cifras de 3200 sistemas planetarios, ubicados en la Vía Láctea[1] y de 5030 exoplanetas del catálogo de exploraciones de la NASA[2], detectados hasta el 22 de mayo de 2022, por el satélite Kepler y otros (¡hay miles y la mayoría sin estudiar!).

Esto motiva a traer el pensamiento de Stephen Hawking[3]:

"Somos una raza de monos avanzados muy especiales, en un planeta más pequeño que una estrella promedio, que puede entender el universo".

Lo anterior para nosotros significa que los terrestres representan "un gránulo en el Universo, con un potencial sin frontera, pero acotado". El supuesto de la multiplicidad de exoplanetas, tiene sustento porqué astrónomos, dirigidos por Christopher Conselice, de la Universidad de Nottingham, de Reino Unido, han descubierto entre 100 mil millones y 200 mil millones de galaxias[4], en el Universo observable.

[1]spaceplace.nasa.gov "Cuántos Sistemas Solares Hay en Nuestra Galaxia";
[2].nasa.gob "Exoplanet Exploration";
[3]prodavinci.com y otros sitios "frases de Stephen Hawking";
[4]cronicaglobal.elespanol.com/cronica-directo "Sabes cuántas galaxias hay en el Universo"]

En ese orden de ideas, "los terrícolas son una de las civilizaciones dispersas en **nuestro Universo**" y en muchos planetas, debe haber tecnologías en distintos grados de avance, algunas, aquí en la Tierra, inimaginables. Sobre cuántos mundos con extraterrestres podrían ser contactados tan solo en la Vía Láctea, los investigadores de la Universidad de Nottingham, comandados por Consolice, llegó a la conclusión que son 36 los planetas que tienen potencial para albergar vida inteligente, esto según un estudio publicado en The Astrophysical Journal[1].

[1 Tom Westby and Christopher J. Conselice, The Astrobiological Copernican Weak and Strong Limits for Intelligent Life, The Astrophysical Journal, Vol 896, No. 1, 2020]

Conclusión. La cantidad de sistemas planetarios y exoplanetas en el Universo es "infinitamente grande", resultando fascinante y a la vez inquietante aceptar que la probabilidad de la existencia de otras civilizaciones extraterrestres tienda a ser un evento cierto y tal vez pronto se confirme: ¡no estamos solos en el Universo!

4.11 Riesgos catastróficos y existenciales

Como se asentó, en 1749 nació el inspirado poeta, de Frankfurt, Alemania, Johann Wolfgang Gothe. Se cita porqué legó a la humanidad su pensamiento: "Lo que importa más, nunca debe estar a merced de lo que importa menos", que desprende el popular refrán "lo primero es lo primero". Hoy lo primero es resaltar, que, desde aquel año hasta el presente, han acontecido un sinfín de catástrofes y, aduciendo a la SARS-CoV-2, cuyo primer caso apareció en Wuhan, China el 17 de noviembre de 2019, la amenaza ha sido severa, al cambiar por completo a la sociedad, golpeando fuertemente a los sistemas de salud y economía.

Sobre ¿y cuánto durará la pandemia? se puede decir que esta importante cuestión del siglo XXI, que ha puesto en jaque a la humanidad, no se puede responder, pero sí asegurar que serán al menos 3 años de una dura batalla, contemplando todo el 2022.

Este supuesto se da al tomar en cuenta que el 25 de octubre de 2021 inició la Cumbre Mundial de la Salud, en Berlín, Alemania, en donde no se externó cuando se podría derrotar el virus, ponderando, por una parte, que se dispone de la tecnología para lograrlo y por otra la falta de cobertura, sobre todo de los países más pobres.

Clarissa Rojas hace notar, en una nota de la BBC, que existe una diferencia entre riesgo catastrófico y existencial, pues el primero implicaría la disminución de poblacional entre el 5%, 10% o más. El riesgo existencial terrícola se le puede vincular con el "**Jinete Apocalíptico Muerte**", revelado por el cuarto de los siete sellos del libro **La Revelación**, el último del **Nuevo Testamento** de la **Biblia**, o sea la aniquilación de la especie humana.

[[1]https://www.bbc.com/mundo/noticias-54438847]

El Apocalipsis Terrícola es un evento cierto, ¡sucederá! Predecir cuándo será el fatal desenlace, es un objetivo que la ciencia no puede dilucidar, aunque si están estudiados distintos escenarios de riesgo, catastróficos y existenciales, con la distinción que hace la científica, oriunda de ese país ubicado en la línea ecuatorial.

Como trataremos la culminación de nuestro Universo, el Sol, la Tierra y la especie humana, es conveniente recordar lo que explica el Capítulo 3 sobre los escenarios plausibles del fin "*de todo*". Estos caen dentro de los cinco **Niveles catastróficos** planteados por Isaac Asimov, que visualiza en el Primer Nivel el fin del **Universo**; en un Segundo Nivel el del **Sol**, colocando como el Tercer Nivel la destrucción plena de la **Tierra**.

Al **Apocalipsis Terrícola,** o *Riesgo existencial*, que implica la completa desaparición del hombre sobre la **Tierra**, se le ubica como Cuarto Nivel y, finalmente, al Quinto Nivel se le designa como **Riesgo Catastrófico Global**, que se daría sí la vida sobre el planeta siguiera, después de que un suceso trágico produjese desde una gran destrucción, con infinidad de pérdidas humanas/materiales (5, 10% o más) y hasta una horrenda hecatombe, que demerite a tal grado la civilización, que impida cualesquier avance tecnológico, condenando al terrestre a llevar una vida solitaria, mísera, desagradable y corta, durante un período indefinido.

4.12 Asteroide aniquila a dinosaurios. La Tierra en pos de su defensa

4.12.1 Preámbulo

La Tierra es un sistema abierto, porqué recibe del espacio exterior energía, principalmente solar y materia. El planeta emite energía calorífica propia y reflejada, además salen de éste artefactos, lanzados por el hombre. De la materia que entra a la atmósfera, los meteoritos lo hacen con más frecuencia de lo imaginado, aun cuando por su tamaño, con sus excepciones, no causan daños. Además, incursiona basura espacial o debris, que son trozos de los artefactos inservibles que han explotado en plena órbita, a consecuencia del remanente de energía a bordo, representando un peligro para los satélites y naves en tránsito o gravitando la Tierra. Al respecto, la ESA estimó en 8 mil toneladas los desechos, rastreándose 29 mil piezas de más de 10 cm; pero, puede haber más de un millón de menor tamaño imposibles de seguir[1]. El problema podría agravarse poniendo en peligro las futuras misiones espaciales, ya que las colisiones crean cada vez más escombros, con el riesgo de ocasionar una reacción desbocada de choques en cadena, efecto conocido como Síndrome Kessler, en honor a su descubridor[2].

[1]ESA, La basura espacial, a día de hoy, 14/10/2020, https://www..int/Space_in_Member_States/Spain/La_basura_espacial_a_dia_de_hoy; último acceso 12/10/2022
[2]ESA, The Kessler Effect esa and how to stop it, último acceso 12/10/2022, https://www.esa.int/Enabling_Support/Space_Engineering_Technology/The_Kessler_Eff ect_and_how_to_stop_it]

Los meteoritos en el universo son de muchos tipos diferentes; no obstante, pueden señalarse tres principales. Los pedregosos o condríticos son los más frecuentes, luego siguen los metálicos, constituidos básicamente de hierro, níquel e iridio, siendo este último muy raro en la Tierra. Finalmente están los metálicos-pedregosos. Los meteoritos representan una de las amenazas que pueden acabar la vida en la Tierra y a uno de estos se le asigna la responsabilidad de la extinción de los dinosaurios.

Estos eventos catastróficos suceden porqué los asteroides tienen su órbita y el que impacten la Luna o la Tierra es una cuestión de coincidencias, que se dan con el tiempo. El peligro de la colisión de un asteroide es digno de tomarse muy en cuenta, pues sucesos pasados, además del de Chicxulub, México, que extinguió los dinosaurios, ocurrido hace unos 65 millones de años, han dejado su huella.

El 30 de junio de 1908 Tungusca, en la Siberia Rusa, sufrió una terrible devastación, consecuencia de una fuerza equivalente a 300 bombas de Hiroshima; no obstante, aun cuando la causa más probable se atribuye a un asteroide, es un misterio sin resolver, al no haber quedado un cráter. En 1920 en Namibia, África se encontró Hoba, sin dejar un cráter, habiendo impactado al planeta a la mitad del periodo cuaternario, hace unos 80 mil años. La piedra es de hierro, de 60 toneladas, la más grande encontrada, con 4 m de largo.

4.12.2 Tiempo Geológico de la Tierra

La Geología y Paleontología son parte de las Ciencias de la Tierra, las cuales en conjunto describen su constitución, estructura y funcionamiento. La primera deriva del griego "geo" que significa Tierra y "logos" tratado o conocimiento[1]. Enfoca su estudio a la historia del planeta, así como la naturaleza, formación, evolución, disposición actual de las materias que lo componen; el campo de la segunda son los organismos que han existido en el pasado, a partir de sus restos fósiles. Estimar la edad del globo terrestre pudo conseguirse luego que la Geología[1] se constituyó en disciplina científica, apoyada en herramientas metodológicas y tecnológicas idóneas, fijándose en 4 mil 560 millones de años. Una premisa geológica es que el relieve actual de la Tierra es el resultado de una larga y variada evolución y al analizar su desarrollo espacial y temporal se determinan los factores y fuerzas que actuaron en el proceso y que le han dado la forma actualmente conocida, tanto exterior como interior.

El eón Fanerozoico engloba las eras Paleozoica, Mesozoica y Cenozoica, siendo la intermedia dominada por los dinosaurios y de la que se distinguen tres periodos claves, para referir su extinción: Trifásico, Jurásico y Cretácico[2].

[[1]Servicio Geológico Mexicano, ¿Qué es la Geología?, https://www.gob.mx/cms/uploads/attachment/file/157537/Que-es-la-Geologia.pdf] [2]Edward J. Tarbuck, Frederick K. Lutgens, Ciencias de la Tierra. Una introducción a la geología física, Pearson]

4.12.3 Extinción de los dinosaurios

La causa que provocó la desaparición de los dinosaurios ha sido muy debatida, siendo las más probables la gran actividad volcánica, que hubo en aquel tiempo y el impacto de un meteorito, adoptándose está última como la más factible, según el artículo de National Geographic "La extinción de los dinosaurios". Ahí se señala que al final del Cretácico, el impacto de un

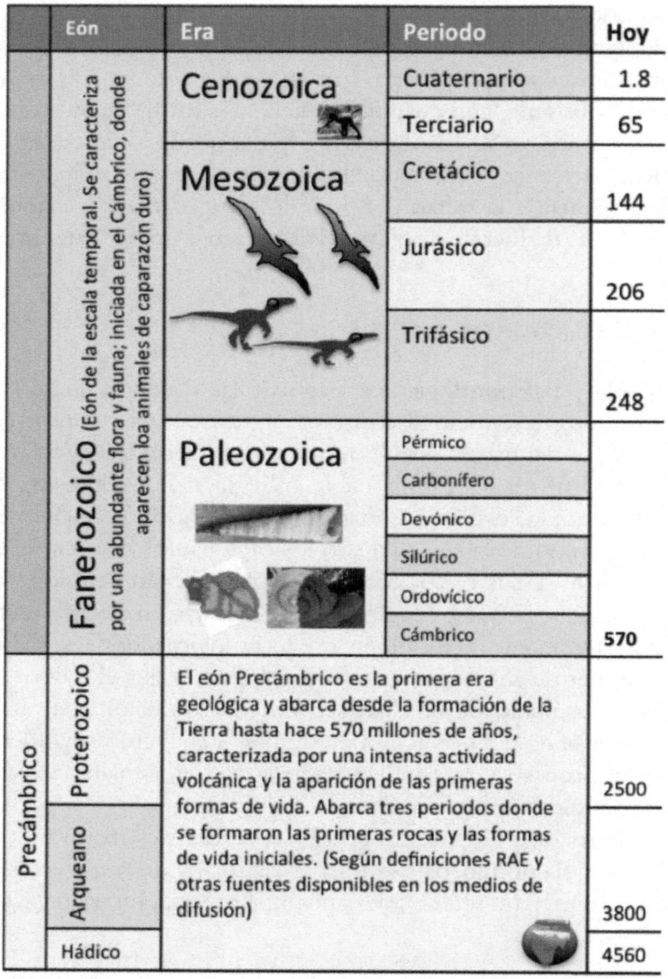

Eón		Era	Periodo	Hoy
Fanerozoico (Eón de la escala temporal. Se caracteriza por una abundante flora y fauna; iniciada en el Cámbrico, donde aparecen loa animales de caparazón duro)		Cenozoica	Cuaternario	1.8
			Terciario	65
		Mesozoica	Cretácico	144
			Jurásico	206
			Trifásico	248
		Paleozoica	Pérmico	
			Carbonífero	
			Devónico	
			Silúrico	
			Ordovícico	
			Cámbrico	**570**
Precámbrico	Proterozoico	El eón Precámbrico es la primera era geológica y abarca desde la formación de la Tierra hasta hace 570 millones de años, caracterizada por una intensa actividad volcánica y la aparición de las primeras formas de vida. Abarca tres periodos donde se formaron las primeras rocas y las formas de vida iniciales. (Según definiciones RAE y otras fuentes disponibles en los medios de difusión)		2500
	Arqueano			3800
	Hádico			4560

Figura 4-8 Tiempo Geológico de la Tierra (Millones de años)

asteroide gigantesco en Chicxulub, en la costa de México, oscureció y enfrió el planeta. El iridio es raro en el planeta; no obstante, diversos estudios refieren la detección de ese elemento en el cráter, siendo la prueba del impacto del meteoro.

El centro del **cráter de Chicxulub**, Figura 4-9, está ubicado al noroeste de la península de Yucatán, cerca del poblado que lleva ese nombre y cuyo significado maya es "pulga del diablo". Su boquete mide más de 180 km de diámetro, estimándose que el tamaño de aquel meteoro pudo ser mayor a los 11 km[1].

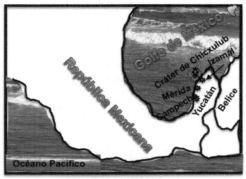

Figura 4-9 Cráter de Chixulub

La Extinción de los dinosaurios debió ser una terrible catástrofe del cretácico hace 65 millones de años. Es probable que en el tránsito Cretácico-Terciario la biosfera haya sufrido una importante renovación, atribuida a un evento catastrófico a escala planetaria causado por el impacto del meteoro de Chicxulub, en el límite Cretácico-Terciario. Las anomalías geoquímicas y el registro fósil indican que numerosas especies se extinguieron en dicho evento, pero otras lo hicieron antes y otras después [2].

[[1]National Geographic, El asteroide que mató a los dinosaurios provocó un devastador tsunami global, https://www.nationalgeographic.com.es/ciencia/asteroide-que-mato-a-dinosaurios-provoco-devastador-tsunami-global_18861, último acceso 13 de oct. 2022;
[2]N. López Martínez, La extinción de los dinosaurios y su registro en los pirineos meridionales, https://www.ucm.es/data/cont/media/www/pag-33428/La%20extinci%C3%B3n%20de%20los%20dinosaurios.pdf, último acceso 13 de oct. 2022]

Las investigaciones muestran que especies de dinosaurios se extinguieron por los cambios ecológicos antes de la transición Cretácico-Terciario, pero no hay evidencias de su supervivencia después de ésta. Varias especies debieron subsistir hasta el momento del impacto meteórico, pero el evento fue fatal, aniquiló los que quedaban.

4.12.4 La humanidad prepara la defensa

DART es una misión que significa "Double Asteroid Redirection Test", dirigida por la NASA, con la colaboración de varios centros. DART es una prueba tecnológica sobre la factibilidad de modificar la trayectoria de un asteroide peligroso para la Tierra, un gran avance de la ciencia, que trae a la memoria aquel filme de ciencia ficción titulado Meteoro de 1979, protagonizada por Sean Connery y Natalie Wood, bajo el guion de destruir, mediante misiles nucleares, uno devastador, sacado de su trayectoria, por su choque con un cometa.

La prueba de factibilidad de la defensa está en marcha. La inició el lanzamiento de la sonda DART al espacio el 24 noviembre 2021, para golpear a Dimorphos de 160 m de diámetro, una roca satélite del asteroide madre Didymos de 780 m, no representando ningún peligro para la Tierra. Pasaron 306 días, poco más de 11 meses, el calendario está en **26 de septiembre de 2022** y el reloj de la Ciudad de México marca **18:14 horas** cuando con certera precisión DART, después de recorrer unos 11 millones de Km, impactó a unos 20 mil Km/h a Dimorphos[1], habiendo los científicos calculado el acorte de órbita en un 1% o bien 11 minutos, lo cual será verificado en días posteriores. Al acercar un poco el asteroide satélite a Didymos, la piedra pequeña aumentará su velocidad de giro, repercutiendo en un porcentaje mínimo la trayectoria de la grande alrededor del Sol, una alteración ciertamente ínfima pero suficiente, si se tratara de impedir una supuesta colisión planetaria, por tratarse de enormes distancias orbitales, certificando así el potencial escudo planetario. Ese registro del 26 de septiembre será memorable para la humanidad, al etiquetar el gigantesco éxito de la misión, producto del proyecto DART, comandado por la NASA.

[1]https://www.mdscc.nasa.gov/index.php/2022/09/27/la-mision-dart-de-la-nasa-ha-impactado-en-dimorphos/]

Durante los próximos cien años, según la NASA, las probabilidades de colisiones de meteoros peligrosos con la Tierra son bajas, incluyendo en 2068 a Apophis de 370 m, de acuerdo con su trayectoria. Aun así, algún gran asteroide maligno, no detectado, pudiera aparecer en los telescopios; sin embargo, DART será una realidad y con ella está en ruta, el escudo tecnológico del planeta, respecto a esos riesgos latentes aniquilantes.

4.13 La culminación de nuestro Universo

4.13.1 Presentación

En 1917, Albert Einstein emitió la Teoría de la Relatividad General, que enseña que las masas de los cuerpos curvan el espacio-tiempo, debiendo el cosmos tener una densidad promedio de masa, habiendo un valor crítico lo que lo mantiene en expansión acelerada representando Λ algún valor de la masa, que se mantuvo por años en las ecuaciones gravitatorias, lo que llamó la Constante Cosmológica para un universo estático sin **expansión** ni **contracción**.

Einstein sostuvo también que el Universo era "finito pero ilimitado", interpretando nosotros que eso apunta a una topología **abierta**, sin descartar que pudiera ser **cerrada**: "finito y limitado".

En 1929, Edwin P. Hubble comprobó la expansión del Universo y 2 años antes de terminar el siglo XX, Saul Perlmatter, Brian Schmidt y Adam Riess revelaron lo insólito: la expansión del Universo es en **aceleración**.

Los resaltes de la crónica vinculan un conjunto de conceptos, de los que solo comentaremos algunos, especificando abajo referencias que tratan el complejo asunto. En primer término, es evidente que el cosmos tiene una densidad promedio de masa, habiendo una crítica que lo mantiene en expansión acelerada, representando Λ algún valor de densidad. Si Lambda se fija como 0, el Universo se modela con las ecuaciones de la relatividad y sobre su curvatura, a gran escala, información publicada en distintas fuentes deja ver que existen evidencias que sugieren que es plana (curvatura 0 y ángulos internos del triángulo sumando 180^0). Sobre la topología se ignora si es abierta o cerrada, pero si fuese cerrada es claro que tendría que venir un eón en contracción y si es abierta podría continuar la expansión indefinidamente.

La Figura 4-10 muestra tres espacios, siendo el primero plano, abierto y de curvatura nula. El segundo es esférico, cerrado y de curvatura positiva. El tercero es hiperbólico, abierto y de curvatura negativa.

Como se explicó con antelación e ilustramos con la Figura 4-5, el Modelo Cosmológico Estándar, ΛCDM, se estructura a partir de la unión de la Constante Cosmológica "Lambda" con la Materia Oscura Fría," Cold Dark Matter", siendo una de sus teorías básicas el Big Bang. Asimismo, comentamos que la Nueva Cosmología adopta este modelo y que una de las tantas interrogantes que la ciencia no ha podido responder es cómo y cuándo será la culminación; no obstante, Λ, CDM y la energía oscura son piezas claves para encontrar lo que sucede y sucederá.

Para explicar el destino final del Universo se diseñó la Figura 4-11, pensando en una analogía con el equilibrio mecánico de un gas. El gas es hipotético, insólito, al poder adoptar una presión negativa. Del lado derecho del esquema pusimos la "bola del más allá", hacia donde supuestamente se crece.

a) Λ = 0 ⇨ Según la Teoría de la Relatividad General el universo acaba por contraerse

b) Λ < 0 ⇨ El universo colapsa

c) Λ > 0 ⇨ El universo se expande indefinidamente

$V_Λ$ Pseudo Válvula de globo de expansión del cosmos

Figura 4-11 Λ en la expansión del universo, presentación con base en la analogía del equilibrio mecánico de un gas

Si Λ = 0 nuestro Universo estaría regido por la Teoría de la Relatividad general y este acabaría por contraerse, por la fuerza atractiva de la gravedad entre las galaxias.

Si Λ < 0, por pequeño que fuera este valor, acabaría por colapsar, siendo equivalente a una ruptura del espacio-tiempo.

Finalmente, si Λ > 0 el universo se podría expandir por siempre, suponiendo una topología abierta[1] del Universo.

[1]Alberto Galindo Tixaire, La nueva Cosmología: Principio y fin del universo, Departamento de Física Teórica. Facultad de Ciencias Físicas. Universidad Complutense, Madrid España]

4.13.2 La Muerte Térmica o Entrópica. Big Freeze

Las leyes de la Termodinámica pueden usarse para crear el escenario de la muerte térmica o entrópica. En un sistema aislado, como el Universo, no hay intercambios de materia y energía en cualquiera de sus formas y como "la energía no se crea ni se destruye, solo se transforma", por lo que ha sido y será siempre la misma.

En el equilibrio térmico se suspende la transferencia de calor entre los cuerpos. La hipótesis de la muerte térmica establece que sí la expansión no cesa la entropía será máxima, no quedando energía útil para producir trabajo y se llegará a un equilibrio térmico cercano al cero absoluto (0 K).

El postulado de Rudolf Clausius[1] estableció la imposibilidad del ciclo termodinámico cuyo efecto sea la transferencia de calor de un cuerpo más frío a otro más caliente; es decir el calor se pasa de caliente al más frio, hasta que se alcance el equilibrio térmico. El hecho conduce a asegurar que el Universo no ha sido eterno, porqué si así fuera ya debería haberse enfriado totalmente. Si la expansión del Universo continúa indefinidamente, eventualmente llegará al equilibrio térmico y su muerte térmica "es solo cuestión de tiempo". Esta premisa se sustenta en la paradoja así denominada en 1862 por Rudolf Clausius, quien sustentó que el cosmos no ha alcanzado ese estado de equilibrio al no ser lo suficientemente viejo. También, la paradoja de la muerte térmica o paradoja de Clausius, su creador la estableció así:[2]

"Asumiendo que el Universo es eterno surge la cuestión: ¿cómo es que el equilibrio termodinámico no se ha logrado a lo largo del tiempo?"

Se sabe que, a principios del siglo XX, el astrónomo inglés James Jeans propuso que la segunda ley de la termodinámica establece que solo puede haber un final para el universo, "una muerte térmica", con una temperatura cercana a 0 K[3].

[1]Thermal Engineering, ¿Qué es la Declaración de Clausius de la Segunda Ley? Definición, https://www.thermal-engineering.org/es/que-es-la-declaracion-de-clausius-de-la-segunda-ley-definicion/, último acceso 14/10/2022,
[2]Dragoljub cucić, paradoxes of thermodynamics and statistical physics, https://arxiv.org/pdf/0912.1756.pdf
https://arxiv.org/pdf/0912.1756.pdf#:~:text=Heat%20death%20paradox%2C%20otherwise%20known,which%20the%20universe%20is%20eternal.;
[3]Canal UNED, ¿Qué es la muerte térmica del universo?, https://canal.uned.es/video/5a6f47f5b1111f510e8b4b0c, último acceso 14/10/2022]

La muerte térmica sucederá sí la expansión del cosmos continúa indefinidamente, lo que ilustramos con la Figura 4-12. Lo que podría acontecer lo plantearemos de una manera algo peculiar, al apoyarnos en el ciclo de vida de las estrellas. De esa figura, en 4 mil millones de años, "se

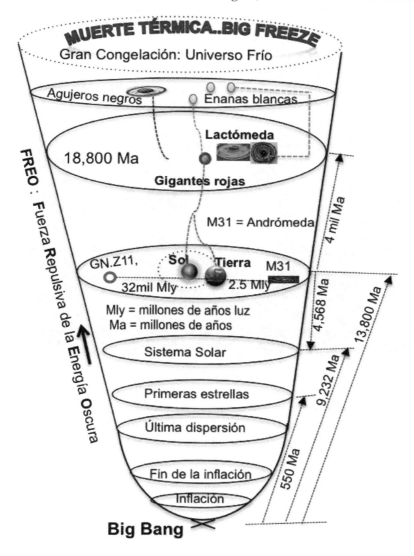

Figura 4-12 Del Big Bang al Big Freeze

verá" a Lactómeda, una enorme galaxia elíptica, producto de la unión de Andrómeda y la Vía Láctea. No comentaremos más la Figura 4-12, al estar contenida en la amplia explicación adelante.

La Figura 4-13 presenta el "Ciclo de estrellas en el escenario de la muerte térmica", un evento que acontecerá al ya no nacer estrellas y finiquitarse en las últimas el combustible. Las dos "rutas de la muerte" la escenifican, por un lado, las estrellas masivas de más de 8 veces el tamaño del Sol. Cuando a estos astros les queda poco que fusionar, se vuelven supergigantes rojas, las que al fundir los últimos reductos de hidrógeno, helio y hasta el carbono, explotan en supernovas.

Las estrellas más grandes tienen menor longevidad y las que superen en 20 tantos la masa del Sol serán agujeros negros, evaporándose más pronto los de menor tamaño; pero, todos perecerán a consecuencia de su Radiación Hawking, postulada en 1974, precisamente por Stephen Hawking.

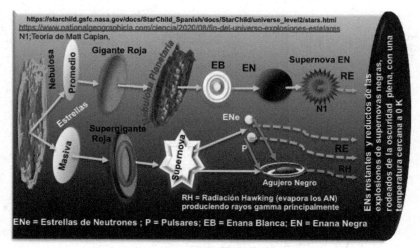

Figura 4-13 Ciclo de estrellas en el escenario de la muerte térmica

En la segunda ruta fatal se observa, que las estrellas de tamaño medio se convierten en gigantes rojas, por colapsar, de manera similar a las masivas, creándose nebulosas planetarias, un fenómeno astronómico breve, de decenas de miles de años (10 mil, 20 mil, etc.) transformándose en las "brillantes y super densas luminarias del universo", nominadas enanas blancas. Así como nuestra vida tiene comienzo y final, dentro de miles de billones de años, nuestro Universo también se "apagará", anunciando el fin de su historia, generándose una oscuridad plena. Previamente las enanas blancas se volverán enanas negras mismas que podrán explotar en una supernova de enana negra.

El "telón terminará el recorrido", cuando los restantes cuerpos del cosmos salgan de escena y sin duda todos lo harán. La gran mayoría de las estrellas de neutrones y enanas negras serán tragadas por los agujeros negros y a estos los evaporará su radiación, siendo los supermasivos los últimos.

Según el trabajo de Matt Caplan[1], lo último en desaparecer del universo, serán las enanas negras, teorizando que explotarán en lo que él llama "supernovas de enanas negras".

[1 Dan Falk, ¿El fin del universo?, Las últimas explosiones estelares antes de que esto pueda suceder, Ciencia, National Geographic, 18/Ag/2020, https://www.nationalgeographicla.com/ciencia/2020/08/fin-del-universo-explosiones-estelares]

Caplan calculó cuánto tiempo tardan las reacciones nucleares en producir hierro y la cantidad necesaria para que las enanas negras exploten en "supernovas enanas negras", diciendo que las primeras aparecerán en aproximadamente 10^{1100} años, un 1 con 1100 ceros.

Como conclusión se puede decir que la muerte térmica del Universo es una hipótesis sustentada en la idea de que la expansión continuará indefinidamente, lo cual solo puede ser posible si la geometría del espacio es plano o hiperbólico, pero no esférico.

El equilibrio térmico sucederá, todo es cuestión de tiempo y los últimos cuerpos cósmicos, morirán al cabo de varios billones de años. A los agujeros negros los disipará la Radiación Hawking y las enanas blancas se apagarán volviéndose enanas negras, que luego de muchos billones de trillones de años explotarán en supernovas de enanas negras. Al final las enanas negras explotarán en una supernova y las que no hayan explotada quedarán rodeadas de la oscuridad plena, con una temperatura prácticamente igual a 0 K.

4.13.3 La Gran Implosión Final o Big Crunch del Universo

La gran implosión o Big Crunch es una causa probable del final del Universo, implicando que todo el espacio y toda la materia colapsen y forman una singularidad. Esto sucedería sí el cosmos fuera esférico o la expansión acelerada sea paulatinamente frenada, provocando que los elementos eventualmente se junten. Como se ha comentado, la evidencia indica que la expansión la provoca la energía oscura; sin embargo, debido a la naturaleza aún desconocida de ésta, es posible que finalmente se revierta la expansión a contracción, hasta alcanzar la Gran Implosión.

Recordemos que la teoría Cosmológica Cíclica Conforme, del físico Roger Penrose, la adoptamos por lo que la historia de nuestro Universo sería un Sistema Cosmológico Cíclico Cerrado, con eones de creación-evolución-muerte-creación, lo que ilustramos con la Figura 4-1, que se ha acercado.

4.14 Muerte del Sol y la Tierra

El Sol es una estrella joven de 4568 millones de años, Figura 4-12, está a la mitad de su brillante vida, porque dentro de 4.5 mil millones años empezará su agonía, tras agotar el hidrógeno de su núcleo, que fusiona en helio, un gas inerte o noble. Las estrellas convierten el hidrógeno del núcleo en helio, vía un proceso termonuclear, llamado así al efectuarse a muy altas temperaturas, como 15 millones 700 mil K, para el núcleo del Sol.

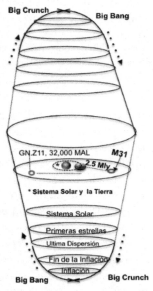

Al terminar el hidrógeno del núcleo, comenzará a usar el hidrógeno de la cáscara de helio que lo rodea, produciendo carbón[1], volviéndola transitoriamente gigante amarilla, antes de transformarse en gigante roja, tan colosal que invadirá las órbitas de Mercurio, Venus y quizá la de la Tierra. La estrella continuará luchando por su vida, quemando el helio y cuando lo agote aprovechará el carbón y al acabar todo el

Figura 4-1 Sistema Cosmológico Cíclico Cerrado (SCCC)

material fusionable, la gravedad hará que se encoja, aplastando por completo su masa, colapsando en una nebulosa planetaria y en una brillante enana blanca.

[[1]Sofía Flores Fuentes, El final de la intensa vida del Sol, Ciencia UNAM, 27/052013, https://ciencia.unam.mx/leer/209/El_final_de_la_intensa_vida_del_Sol , Último acceso: 15, Oct, 2022]

4.15 Riesgos catastróficos y existenciales de la Tierra

Los riesgos se catalogan en catastróficos y existenciales. El primero disminuiría la poblacional entre el 5%, 10% o más. A la "catástrofe existencial", se le puede vincular con el "Jinete Apocalíptico Muerte", revelado por el cuarto de los siete sellos del libro La Revelación, el último del Nuevo Testamento de la Biblia.

El peor escenario para el planeta será cuando el Sol se convierta en gigante roja, dentro de 4 mil 500 millones de años. La especie humana, muchísimo tiempo antes, ya habrá desaparecido de la faz de la Tierra, aniquilada por algunos de los riesgos existenciales latentes, no obstante que el planeta siga orbitando al Sol y muy posiblemente así será, pero con sus ecosistemas totalmente devastados.

No entraremos en profundidad en este tema, al requerir una investigación aparte, solo se mencionarán algunas amenazas que han sido estudiadas, por varios científicos, siendo las más alarmantes:

➤ Los meteoritos y cometas peligrosos pueden acabar la vida en la Tierra, aunque ya se expuso que, durante los próximos cien años, según la NASA, las probabilidades de colisiones son bajas.

➤ El sitio https://volcanofoundation.org aborda la amenaza que representa el super volcán, localizado en el parque Nacional Yellowstone de Estados Unidos. Ahí se comenta que la NASA señala que esta erupción es una de las mayores amenazas naturales para la humanidad y que el probable cataclismo por el Yellowstone es el que más miedo causa entre los geólogos y especialistas.

➤ El Calentamiento Global es la amenaza más visible que, por su importancia mundial, se dedica el siguiente capítulo, aportando un "granito de arena" al clamor mundial: "¡Salvemos al Planeta!".

Otras amenazas investigadas por Global Challenges Foundation son:

➤ Guerra nuclear. Es un enorme riesgo y en marzo 2022, el conflicto armado Rusia-Ucrania puso en alerta al mundo entero.

➤ Contaminación electromagnética, con la posible desorientación de las abejas.

➤ Pandemia natural o provocada. Puede devastar la población de los pueblos y sus economías, condenando a la humanidad a llevar una vida menesterosa y sin posibilidades de desarrollo, por un largo periodo.

➤ Geoingeniería fuera de control, en alguna o varias acciones alteradoras, de las condiciones climáticas de regiones del planeta.

➤ Inteligencia Artificial disruptiva o sin control, por androides, con aptitudes equiparables o superiores a la humana. Si no es este siglo, el siguiente, se pudiera poner en serios aprietos a los terrícolas", al crearse hasta robots asesinos, vistos ahora como ciencia ficción.

Capítulo 5: Calentamiento Global, un Jinete Apocalíptico.

5.1 Presentación

La Tierra es un "Planeta Vivo" y las alteraciones naturales y paulatinas del clima han ocurrido casi desde siempre[1]. Según un artículo de National Geographic, el hombre surgió en el sur de África, hace unos 200 mil años; sin duda un suceso grandioso, del proceso innato de la evolución. Pero, paralelo con el proceso del desarrollo de la especie, se fue alterando gradualmente el tránsito natural del clima. Así que, al humano se le puede responsabilizar de las dos primeras disrupciones del planeta, una cuando ideó el fuego, que aprovechaba para cazar y la otra paralela a la desforestación en la agricultura. Esas alteraciones se aceleraron aún más con las invenciones de las revoluciones industriales, arrancadas por el año de 1784, en Inglaterra, cargándole a las máquinas la tercera y más severa disrupción a la Tierra, que aspira y exhala, como cualquier otro ente viviente, siendo finita en sus recursos, e indefensa ante la cotidiana destrucción de sus ecosistemas.

Algunos de los factores del cambio del climático son fáciles de comprender y otros no tanto. Dentro de los evidentes están: actividad volcánica, incendios forestales, impactos de meteoritos y la emisión de gases de efecto invernadero (CO_2 y CH_4) provenientes de fuentes natas o plantadas por los humanos[2], emanaciones expelidas por los seres vivos, las plantas en descomposición y la materia animal, pero las mayores fuentes destructivas provienen de la quema desmedida de combustibles fósiles, como el carbón, petróleo y gas.

[1]José Antonio Santiago-Lastra, Miriam López-Carmona y Sergio López-Mendoza, Tendencias del cambio climático global y los eventos extremos asociados, https://www.redalyc.org/pdf/461/46140307.pdf;

[2]nationalgeographic.es, Causas del calentamiento global, https://www.nationalgeographic.es/medio-ambiente/causas-del-calentamiento-global;

[3]MetereologíaenRed, Se afirma por primera vez que la actividad solar afecta al cambio climático, https://www.meteorologiaenred.com/se-afirma-primera-vez-la-actividad-solar-afecta-al-cambio-climatico.html]

Otras causas no tan obvias, tienen relación con la actividad solar cíclica[3] y la excentricidad, o diferencia entre las distancias entre el perihelio y el afelio, los puntos de menor y mayor lejanía al Sol. Además, investigaciones asumen que distintos factores provocan ligeras modificaciones en la órbita terrestre, como son, entre otros, la influencia de los astros y la inclinación de la Tierra respecto a su eje, lo que podría tener influencia en el cambio climático.

Desde 10 mil años atrás hasta finales del siglo XIX, la Tierra tuvo una relativa estabilidad climática; no obstante, a partir del Siglo XX el aumento de población y su inherente dinamismo, con un uso intenso de motores de combustión interna, incrementó notablemente la liberación a la atmósfera de gases de Efecto Invernadero (EI).

En la Figura 5-1 están los principales gases que se arrojaron al ambiente

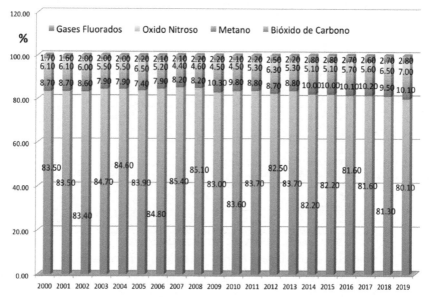

Figura 5-1 Emisiones a la atmósfera EUA 2000-2019

por los Estados Unidos de 2000 a 2019 (fuente: EPA) desprendiendo que el dióxido de carbono (CO_2) y el metano (CH_4) superaron siempre el 90%, lo que deja claro la estrecha relación industrialización-calentamiento global del planeta. Asimismo, con datos de INEGI e INECC[##] se estructuró la Tabla 5-1, mostrando la distribución de gases de efecto invernadero por sector de México, para los años de 2017 y 2020, donde puede apreciarse un incremento del 14.86%, en tan solo ese periodo de tres años, siendo un reflejo de que las

---

INEGI, Instituto Nacional de Información Estadística y Geográfica; INECC, Instituto Nacional de Ecología y Cambio Climático

actividades humanas son las principales emisoras de contaminación, lo que justifica la gran importancia que reviste cambiar, las fuentes de energía tradicionales, por el uso de la energía alternativa, principalmente las del transporte, electricidad e industria.

La población mundial ha pasado de mil millones en el año 1800 a 7,981.988 millones, al 18/10/2022, según worldometer.info. Esta creciente demografía, con sus diversas actividades y el uso excesivo de los combustibles fósiles han contribuido fuerte al Calentamiento Global, CG, fenómeno que podría conducir a la aniquilación anticipada de la vida, o condenar a la humanidad a llevar una vida miserable, sin posibilidades de desarrollo, lo que tanto se ha insistido.

Desde el siglo pasado, se ha observado un incremento de la temperatura media anual del planeta. Hoy día la tierra está más caliente 1.2º C que, en 1850, según "Intergovernmental Panel on Climate Change", IPCC, 2021. El CG es muy alarmante, los estudios son cuantiosos, como el de la Oficina Nacional de Administración Oceánica y Atmosférica, NOAA, a partir del cual Conexión Ambiental publicó: "El 2020 fue el año más caluroso registrado en la historia humana".

Gases de Efecto Invernadero en México en m^3 de CO_2 Equivalentes				
Sector o Industria	Año 2017		Año 2020	1ncremento 14.86 %
	Porcentuales	Parciales	Parciales	1.14860
Transporte	24.50%	171.00	196.41	
De la Energía	25.90%	181.00	207.90	
Manufactura y construcción	9.10%	64.00	73.51	
Otros sectores	5.30%	37.00	42.50	
Emisiones fugitivas	6.30%	44.00	50.54	
Minera y de los metales	7.70%	54.00	62.02	
Residuos	6.60%	46.00	52.84	
Ganadería	10.10%	71.00	81.51	
Fuesntes agregadas	4.50%	32.00	36.75	
	100.00%	700.00	804.00	

Fuente: https://cambioclimatico.gob.mx/estadosmunicipios/Emisiones.html (INECC) e INEGI

Tabla 5-1 Distribución de los gases de EI, 2017 y 2020 en México por Sector

El cambio climático, depende en buena parte del Calentamiento Global, provocándose distintos problemas. Uno muy significativo es la probable afectación de las zonas "Permafrost", un término que significa un estado físico, más que una cosa material[1].

Al respecto, en las zonas polares árticas hay una capa de suelo o roca de profundidad variable que se ha conservado por debajo de 0^0C ininterrumpidamente durante miles de años[2], esas zonas han estado en un "estado permafrost", Figura 5-2A.

[1]Wojciech Dobinski, Earth-Science Reviews, oct/2011 www.sciencedirect.com/science/article/abs/pii/S0012825211000894;
[2]GreenFacts, Permafost, www.greenfacts.org/es/glosario/pqrs/permafrost.htm]

Lo grave es que el calentamiento global puede alterar ese estado, provocando que esos terrenos congelados perenes pierdan esa condición, lo que podría filtrar microbios y productos químicos al ambiente[1], principalmente dióxido de carbono, CO_2.

[[1]NASA CIENCIA, El deshielo del permafrost podría filtrar microbios y productos químicos al medio ambiente, 17/03/2022, https://ciencia.nasa.gov/el-deshielo-del-permafrost-podria-filtrar-microbios-y-productos-quimicos-al-medio-ambiente]

"El permafrost derretido, nueva amenaza del CG", son el sentido de cientos de mensajes sobre notas y artículos que aparecen en los distintos medios de difusión como Internet, dejando claro el inminente peligro que representa el fenómeno.

De manera común, el **"permafrost"** se entiende como la capa de suelo permanentemente congelada, pudiendo no estar siempre copada de hielo o nieve, de las regiones muy frías o periglaciares, refiriendo estas al sistema de erosión característico de las regiones frías de la Tierra, de las zonas de nieves perpetuas y las próximas a glaciares.

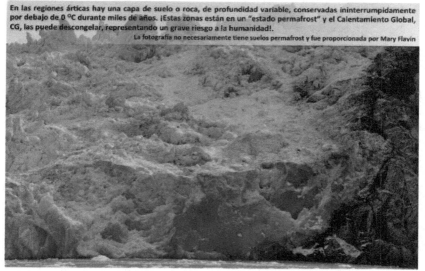

En las regiones árticas hay una capa de suelo o roca, de profundidad variable, conservadas ininterrumpidamente por debajo de 0 °C durante miles de años. ¡Estas zonas están en un "estado permafrost" y el Calentamiento Global, CG, las puede descongelar, representando un grave riesgo a la humanidad!.
La fotografía no necesariamente tiene suelos permafrost y fue proporcionada por Mary Flavin

Figura 5-2A Panorámica Alaskeña. Los glaciares y hielos del planeta son mermados cada vez más por el CG, levantándose voces de alerta

Durante cientos de miles de años, el permafrost del Ártico ha acumulado grandes reservas de carbono orgánico y por aumento del Calentamiento Global, surgen pronósticos alarmantes sobre el incremento en la temperatura de las áreas que lo contienen, representando un gran peligro, porqué su descongelamiento liberaría dióxido de carbono y metano en abundancia y, por si fuera poco, podrían existir bacterias atrapadas y estar "allí dormiditas esperando"; ¡cuidado!

Otro grave problema que se enfrenta es el aumento del nivel del mar, por el deshielo del planeta. Al respecto, la foto de la Figura 5-2B, es una panorámica de un glaciar alaskeño, que está dentro de los que la elevación de

Figura 5-2B Panorámica de un glaciar alaskeño

la temperatura "les derrite más y más hielo", sin que estos puedan recuperarse. Esa foto además de bella es útil para referir que la cota del mar ha aumentado, en los últimos cien años, entre 10 y 20 cm; o sea, 1 mm/año.

De aquí brota una "alarma de alerta roja", pues en los últimos veinte años la tasa anual es de 3.2 mm/año[1], significando que se ha triplicado esa razón de aumento.

[1]National Geographic, MEDIO AMBIENTE, El aumento del nivel, 05/09/2020, https://www.nationalgeographic.es/medio-ambiente/el-aumento-del-nivel-del-mar]

Ante esta perspectiva, en el mundo se acrecientan las acciones para enfrentar el problema. Al respecto, el 12 diciembre de 2015, en la Conferencia de las Partes COP21 de París, los integrantes de la CMNUCC, Convención del Marco de Naciones Unidas sobre el cambio climático, CC, alcanzaron un acuerdo histórico para combatirlo, acelerando e intensificando las acciones e inversiones necesarias, para un futuro sostenible con bajas emisiones de carbono. El objetivo del Acuerdo de París es reforzar la respuesta mundial a la amenaza del cambio climático, manteniendo el aumento de la temperatura mundial en este siglo muy por debajo de los 2 grados centígrados y proseguir los esfuerzos para limitar aún más el aumento de la temperatura a 1.5 °C.

El reto es "Llegar a cero emisiones netas de carbono para 2050" y un objetivo de la Cartera de Acciones es el aprovechamiento, a gran escala, de las fuentes de energía eléctrica renovables, dentro de las que destacan la hidráulica, solar y eólica.

5.2 Efecto invernadero, calentamiento global y cambio climático, un solo jinete

Los cambios climáticos han existido desde que la Tierra tiene atmósfera, siendo interesante tener una idea de cómo se creó y cuál es su conformación. Hay tres conceptos empleados con frecuencia, de manera recurrente e indistinta y con poca precisión, que se deben clarificar: Efecto Invernadero, Calentamiento Global y Cambio Climático[1].

5.2.1 Atmósfera

La formación de la atmósfera, que protege a los seres de los rayos solares, arrancó hace aproximadamente 4 mil 500 millones de años, un proceso de diversas etapas, comenzando con emanaciones volcánicas principalmente de dióxido de carbono, nitrógeno, azufre, un mínimo de oxígeno y vapor de agua, que al enfriarse la Tierra se condensó formándose los océanos. Ese fue el comienzo de la formación atmosférica y la vida en el planeta, que fue evolucionando hasta lo que hoy se tiene[2].

Tabla 5-2 Composición del aire de la atmósfera	
Componente	%
Nitrógeno	78.00
Oxígeno	20.90
Argón	0.90
Dioxido de Carbono	0.03
Otros gases	0.17
Total	100.00

La atmósfera es una capa de gases que nos rodea y en ella residen los gases que son fundamentales para el desarrollo de la vida. Según la tabla 5-2, su composición química incluye nitrógeno (N) en un 78%, oxígeno (O_2) en 20.90 % y el 1.10 % restante está formado por diversos gases, siendo el más abundante el argón (Ar) en un 0.90 %, luego el dióxido de carbono (CO_2) con 0.03% y finalmente otros gases representan 0.17 %.

La atmósfera, Figura 5-3, tiene 5 capas principales[3]. La tropósfera es la más baja y crucial en el calentamiento de la atmósfera, tiene una altura media de 12 Km y posee la mayor densidad de gases, como un 75%, siendo donde se produce el clima, al que se adaptan los seres vivos y propicia los fenómenos atmosféricos.

[[1]Andrea Fisher, National Geographic, ¿Cuál es la diferencia entre cambio climático y calentamiento global?, 16 de septiembre 2021, https://www.ngenespanol.com/ecologia/cual-es-la-diferencia-entre-cambio-climatico-y-calentamiento-global/, último acceso 18/10/2022; [2]Universidad EAFIT, ¿Cómo se creó la atmósfera?, https://www.eafit.edu.co/ninos/reddelaspreguntas/Paginas/como-se-creo-la-atmosfera.aspx; [3]Escuela Superior de Cd. Sahagún, Bachillerato, L.B. Ana Lilia Cuevas Hernández, La atmósfera, sus capas y propiedades, https://www.uaeh.edu.mx/division_academica/educacion-media/repositorio/2019/3-semestre/diversidad-espacio-terrestre/docs/la-atmosfera-capas-propiedades.pdf, último acceso 18/10/2022]

Luego, sigue la Estratósfera que se eleva hasta 50 Km y tiene una masa de aire de 24 %, resultando importantísimo al filtrar la luz ultravioleta, porqué entre 20 a 30 Km reside la capa de ozono. Las otras capas son: Mesósfera (50 a 80 Km), Termósfera (80 a 700 Km) y Exósfera (por encima de los 700 Km). Después de las cinco zonas referidas, está lo que se denomina "Espacio Exterior".

5.2.2 Efecto Invernadero

El efecto invernadero sucede porqué la atmósfera terrestre retiene la temperatura en el planeta, bien sea de forma natural o por causa antropogénica (intervención del hombre) siendo un mecanismo que ha

Figura 5-3 Atmósfera terrestre

existido desde que la tierra tiene atmósfera, hace unos 4 mil 500 millones de años. El dióxido de carbono, CO_2 y el metano, CH_4, son parte de la atmósfera y vitales para la vida. Al primero lo usan las plantas en la fotosíntesis y son integrantes de un sinnúmero de productos químicos orgánicos. Sin embargo, el CO_2 es el que retiene el calor y junto con el metano llegan a formar una nube en la atmósfera que impide su salida, aumentando la temperatura de la Tierra.

En el proceso, la radiación térmica emitida por la superficie planetaria es absorbida por los gases de efecto invernadero atmosféricos (GEI) y es irradiada en todas las direcciones. Debido a que una parte de esa energía reflejada es retornada hacia la superficie terrestre y a la atmósfera inferior, se da un incremento de la temperatura superficial media, respecto a lo que habría en ausencia de los GEI.

5.2.3 Calentamiento Global

El Calentamiento Global se refiere a la tendencia del incremento en temperatura, que el planeta ha experimentado los últimos 172 años, a 2022, proceso que continuará indefinidamente. Es un fenómeno provocado principalmente por la actividad humana, en particular por la quema de combustibles fósiles como el carbón y el petróleo; pero, además, la tala de bosques influye enormidades. Este fenómeno implica una elevación de la temperatura media global de la atmósfera y de los océanos, provocado primordialmente por el efecto invernadero.

En las gráficas "Tendencias del Calentamiento Global 1850-2020" de IPCC ("Intergovernmental Panel on Climate Change") publicadas en la nota de BBC | MUNDO ("Las consecuencias del cambio climático son irreversibles", alerta la ONU en el informe más completo hasta la fecha[1] exhiben un impacto en la elevación de la temperatura del planeta a 2020 como en 1.2 °C. Sobre ese reporte, lo más trascendente es que la "simulación de los factores humanos y naturales" de 1850 al 2020, muestra que el incremento de los grados del planeta hubiera sido irrelevante, sin la quema de combustibles y la deforestación, que ocasiona principalmente el humano.

[1BBC News Mundo, 9 de agosto 2021, https://www.bbc.com/mundo/noticias-58143985, [ultimo acceso 20/10/2022]

Con ese soporte, se diseñó la Figura 5-4 "Tendencias del Calentamiento Global 1850-2050-2100, mostrando que la temperatura promedio de la Tierra es +15.5 °C a 2021, esto según expertos del Instituto de Investigación Espacial de la NASA. Como el aumento de la temperatura de 1850 para acá ha sido de 1.2 °C, la temperatura promedio del planeta entonces debería rondar los 14.3 °C.

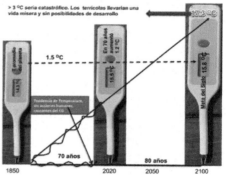

Figura 5-4 Tendencias del Calentamiento Global 1850-2050-2100

Esto permite trazar una tendencia 2020-2100, resultando obvio que, de hacer caso omiso al grave problema que representa el Calentamiento Global, al año 2100 la temperatura promedio de la Tierra estaría alrededor de 17.3 °C, lo que podría desencadenar una "catástrofe terrícola global".

La misma figura presenta la "Meta del Siglo XXI": "no incrementar más de 1.5 °C", implicando que la temperatura promedio del planeta no debería superar los 15.8 °C, objetivo muy alcanzable, vía la consecución de las 9 Acciones de la Cartera, concertada en la Cumbre del cambio Climático de la ONU, en septiembre 23 de 2019, destacando, entre otras acciones, la transición energética, que demanda, a 2050, la emisión cero de gases de efecto invernadero.

Como un corolario, de lo antes expuesto, se puede remarcar que efectivamente el **Calentamiento Global** está "cobrando la factura" y que los daños ya están hechos: incendios, inundaciones, pérdida de glaciares, extinción de millares de especies, alteración drástica de los ecosistemas, etc. Lo más triste y alarmante es que la actividad del hombre es el problema, siendo muy difícil cambiar la dinámica, venciendo intereses a los que se apegan los pueblos.

Una nota de "Cambio Climático y medioambiente" de la ONU, titulado "Llegar a cero emisiones netas de carbono para 2050, ¿es posible?" y resalta que más de 70 países se han unido para prometer la neutralidad de sus emisiones de carbono para el año 2050[1]. Pero ¿cómo se puede lograr esto? y ¿cómo sería un mundo que dependa solo de energía renovable? Las respuestas a estas interrogantes encausarán el rumbo.
[1]Naciones Unidas, Noticias ONU, 30/10/2019, https://news.un.org/es/story/2019/10/1464591, último acceso 20/10/2022]

En efecto, esas son cuestiones que están en la agenda en muchos gobiernos de las naciones, incluyendo acciones abatidoras del incremento en la temperatura. Un ejemplo de la planeación que contemplan los gobiernos, para abatir el problema se relaciona con que New York dirá adiós a los motores de combustión interna en 2035[2], buscando también reducir las emisiones de gases de efecto invernadero en un 85 por ciento para 2050[2]. Pero, para la mala fortuna de las próximas generaciones del planeta, muchas de sus naciones "no se ponen las pilas" y le siguen apostando a los combustibles petrolíferos y al carbono y en sus planes de gobierno y, a mediano y más largo plazo, comprometen inversiones que no "cuadran" con el objetivo de "cero emisiones".
[1]Naciones Unidas, Noticias ONU, 30/10/2019;
https://news.un.org/es/story/2019/10/1464591, último acceso 20/10/2022;
[2]Borja Diaz, CARANDDRIVER, "New York dirá adiós a los motores de combustión interna en 2035", 11/09/2021, https://www.caranddriver.com/es/coches/planeta-motor/a37541365/nueva-york-motores-combustion-interna/, último acceso 18/10/2022]

5.2.4 Cambio Climático

El cambio climático, CC, es la modificación del clima en general, a escala regional o global y puede producirse, entre otros factores principales, debido a:

➢ De forma natural → corrientes oceánicas, campo magnético terrestre, erupciones volcánicas, etc.
➢ Por la intervención de factores externos → variaciones solares e impacto de meteoritos
➢ Por la actividad humana → calentamiento global con su efecto invernadero

El cambio climático no debe confundirse con el Calentamiento Global, porqué este último vincula a la actividad humana, siendo urgente tomar las acciones pertinentes para disminuir sus aportaciones en la destrucción de la vida en la Tierra.

5.3 Tres Jinetes Apocalípticos en un solo corcel, la encrucijada terrícola

El término **catástrofe** se refiere a un suceso fatídico que altera el orden regular de las cosas y puede ser **natural**, como un tsunami, una sequía, una inundación, o **provocadas por el hombre**, como el Calentamiento Global.

Al respecto, el Centro para el Estudio del Riesgo Existencial, de la Universidad de Cambridge, en Reino Unido, incluye con los riesgos aniquilantes al cambio climático, impactado por el **Calentamiento Global**, que podría significar un "**riesgo catastrófico global**", de incrementarse la temperatura promedio por encima de los 3 °C. No obstante, con una elevación promedio de más de 2 °C, las consecuencias serían descomunales, por los fenómenos naturales, que hoy en día ya son devastadores.

Sobre el Apocalipsis se puede decir que son "cuatro jinetes", cuyo relato bíblico inicia con el "Libro del Cordero", que describe como Juan observa a Dios con un libro en la mano con siete sellos, debiendo ser el Cordero quien los abra. En el Capítulo 6 de la Revelación se cita que se abren cuatro sellos, representados por cuatro jinetes, cada uno montando un corcel. El blanco representa la invasión, el rojo la guerra, el negro es el hambre y el pajizo o bayo es el ¡**jinete muerte**!

El tema es el **Calentamiento Global**, un gravísimo problema que enfrenta la humanidad y que podría escalar a un nivel "in extremis", sí, precisamente, a los instantes finales de la existencia, invitando a reflexionar que el "homo sapiens" apareció hace unos 300 mil años sobre la faz de la Tierra y que el "hombre moderno" está a "nadita" del "borde del precipicio", ¡cargando con millones de especies! Sobre las amenazas que ciñen a los humanos, Antonio Gutiérrez, secretario general de las Naciones Unidas (ONU), declaró en Asamblea General de ese organismo, en 2020, que existen "jinetes del apocalipsis" que amenazan al mundo. Sus conceptos están desplegados en la Tabla 5-3, mismos que son correlacionados con los jinetes bíblicos. Mencionó cuatro amenazas que se están aproximando y que ponen en peligro el progreso del siglo XXI (mucho más al XXII). Afirmó que el primer jinete es la "**altísima tensión geoestratégica**" y advirtió que los conflictos provocan sufrimientos de las personas y que crece la amenaza nuclear (debería ser el jinete del corcel rojo).

El segundo jinete es "**el cambio climático**", porqué está creciendo la temperatura media en el mundo y millones de criaturas vivas están en peligro de extinción, correspondiendo, siendo acertados, al corcel bayo, el ¡**jinete muerte**! El tercero es la "**creciente desconfianza global**", porqué la sociedad confía, cada vez menos en sus instituciones y, dos de cada tres personas viven en países donde crece la desigualdad y cada vez hay más individuos que ponen en duda los beneficios de la globalización; este sería el jinete bíblico negro.

Tabla 5-3. Efecto Invernadero, calentamiento global y cambio climático un solo jinete				
Jinetes según Secretario ONU		Jinetes según la "Revelación"		
1	Altísima tensión geoestratégica. Los conflictos provocan sufrimientos de las personas y que crece la amenaza nuclear	2	Rojo	Guerra
2	El cambio climático. Está creciendo la temperatura media en el mundo y millones de criaturas vivas están en peligro de extinción. un millón de especies está en peligro de extinción a corto plazo	4	Pajizo o Bayo	Muerte
3	Creciente y desconfianza global. La sociedad confía cada vez menos en sus instituciones; dos de cada tres personas viven en países donde crece la desigualdad y cada vez hay más personas que ponen en duda los beneficios de la globalización	3	Negro	Hambre
4	Lado oscuro del mundo digital. Se abusa de las nuevas tecnologías para cometer delitos, incitar al odio, falsear información, oprimir y explotar a las personas e invadir la privacidad".	1	Blanco	Invasión

Finalmente, el cuarto jinete es el **"lado oscuro del mundo digital"**, diciendo que se abusa de las nuevas tecnologías para cometer delitos, incitar al odio, falsear información, oprimir y explotar a las personas e invadir la privacidad; corresponde al uno, al blanco.

La organización "Global Challenges Foundation", en la que colaboran diversas instituciones como la Universidad de Oxford, se ha dado a la tarea de evaluar los riesgos catastróficos globales del planeta, e incluye dentro de estos a la Inteligencia Artificial disruptiva, o fuera de control y está también, en el catálogo de amenazas **el cambio climático.**

5.4 Energía Alternativa, en la Cartera

5.4.1 Preámbulo

Durante la **Cumbre sobre la Acción Climática** ONU 2019, del 23 de septiembre, en la Sede de Nueva York, participaron 77 países y más de 100 ciudades de las más grandes del orbe. Se presentó una **Cartera de Acciones** de nueve tareas prioritarias concretas para combatir la crisis. El objetivo común fue acelerar el cumplimiento del acuerdo de París. Los participantes se comprometieron a reducir las emisiones de gases de efecto invernadero a cero para 2050. Dentro de esa **Cartera**, hay dos acciones muy significativas, vinculantes con las fuentes de generación de energía eléctrica:

➢ Transición energética. Implica la aceleración del cambio de combustibles fósiles hacia la **energía renovable**, además de la obtención de ganancias considerables en eficiencia energética.

➢ Acción local y en las ciudades. Implica avanzar en la mitigación y la resiliencia (capacidad de adaptación a un agente amenazante) a nivel urbano y local, con un foco de especial atención en nuevos compromisos: edificios de bajas emisiones, transporte público e infraestructura urbana.

Las energías alternativas son las fuentes de generación de energía eléctrica renovables, o sea aquellas que son alternas a las tradicionales clásicas, sin existir un consenso sobre que tecnologías engloban. La definición de "energía alternativa" difiere según el autor, pero se entiende que provienen de la naturaleza, siendo inagotables o muy abundantes, lo que hace que su generación o consumo no provoquen un futuro desabasto[1]. Sus dos términos aceptados son: **energía renovable** y **energía verde**.

Las principales energías alternativas son: hidráulica, solar fotovoltaica, solar térmica, eólica, geotérmica, mareomotriz y biomasa. La fotovoltaica aprovecha la radiación solar, para convertirla en energía eléctrica y apunta a que se convertirá en la principal fuente del planeta, durante la segunda mitad de este siglo.

[[1]Diego Guzmán Cascales, Energías renovables y desarrollo sostenible: Energías alternativas, sostenibilidad ambiental y ecodesarrollo, Amazon, Kindle, https://guzmancascales.com/libros/energias-renovables-y-desarrollo-sostenible/, U. Acceso 20/20/2022]

5.4.2 Tendencia mundial de la Energía Alternativa

Como se apuntó, son varias las fuentes renovables de energía. De éstas, las que están más desarrolladas y de más penetración en el mundo, son la eólica y la fotovoltaica, sin olvidar a la hidráulica, tecnología que se ha aprovechado desde 1880, año en que fue construida la primera central en Northumberland, Gran Bretaña.

Para orgullo de México, la Central de Generación Necaxa, patrimonio cultural e histórico del estado de Puebla, fue inaugurada en 1905, en un acto que iluminó al Zócalo de la "Ciudad de los Palacios". La planta fue un portento tecnológico mundial y de la industria eléctrica mexicana, de aquellas primeras décadas del siglo XX.

La capacidad instalada de energía eólica y solar está creciendo muy bien mundialmente. La tendencia es alentadora para cumplir las expectativas de la Cumbre de Acción Climática 2019, impulsora de las acciones para lograr a 2050 cero emisiones de gases de carbón a la atmósfera y la consecución de los Acuerdos de París 2012, cuya meta es no rebasar el incremento promedio de temperatura mundial en **1.5 °C**. Indeseablemente, las fuentes de combustibles fósiles alzaron su capacidad instalada en un[1] 9 %.

Para lograr ese objetivo, las energías renovables, sin emisión de contaminantes a la atmosfera, son una de las claves del éxito. Al respecto, la tendencia mundial de la energía eólica instalada, en los últimos 13 años, ha sido notable[2,3], yendo de **159 GigaWatts (159 GW = 159x10[9] Watts)** en 2009 a los **651 GW** en 2020 y ≈ **742 GW** en 2021, significando que en el último año se instalaron en el mundo[1] 14 % más respecto al anterior[1], esperando adiciones durante los siguientes años arriba de **91 GW/año**, lo cual es alentador.

[[1]Victoria Masterson, Word Economic Forum, La energía eólica y la solar generaron10% de la electricidad global en 2021, una novedad mundial, 11/04/2022, https://es.weforum.org/agenda/2022/04/la-energia-eolica-y-la-solar-generaron-el-10-de-la-electricidad-global-en-2021-una-novedad-mundial/#:~:text=La%20generaci%C3%B3n%20de%20energ%C3%ADa%20solar,hasta%20alcanzar%20un%20nuevo%20r%C3%A9cord. Último acceso 20/10/2022;
[2]reve, La situación mundial de la energía eólica, 05/07/2020, https://www.evwind.com/2020/07/05/la-situacion-mundial-de-la-energia-eolica/;, Último acceso: 22/10/2022;
[3] AEE, La eólica en el Mundo, https://aeeolica.org/sobre-la-eolica/la-eolica-en-el-mundo/; Último acceso: 22/10/2022]

La energía solar no se ha quedado a la saga, al ir de una capacidad total instalada mundialmente muy marginal en 2009 (≈ **20 GW**) a los **833 GW** en el año 2021[1], con una notoria tendencia de adiciones, ya que en 2019 había **580 GW**, en 2020 se reportaron **700 GW** y en 2021 calculamos **861 GW**, al aplicarle a la última cifra un factor[1] del 23 %. Entonces, la energía incremental esperada en esta tecnología podría rondar los **160 GW**, en los siguientes años, representando un aliciente en la gran lucha emprendida por la humanidad, para resolver el problema del Calentamiento Global.

Las energías eólica y solar[4,5] están apuntaladas por las fuentes hidráulicas de las que se reportan1330 GW [6] a 2020, que al aplicarle un 1.6%, que se reporta de incremento, podemos suponer que en 2021 rondarán los **1351 GW**.

[[4]Review Energy, La energía solar registra récord de crecimiento global en 2021, 12/04/2022, https://www.review-energy.com/solar/la-energia-solar-registra-record-de-crecimiento-global-en-2021;
[5]José A. Roca, 12/04/2022, https://elperiodicodelaenergia.com/las-renovables-representaron-el-81-de-la-nueva-capacidad-de-energia-en-2021/
[6]José A. Roca, 12/06/2021, último acceso 19 de octubre 2022, https://elperiodicodelaenergia.com/la-capacidad-de-energia-hidroelectrica-mundial-crecio-un-16-en-2020-para-alcanzar-los-1-330-gw/]

Así que, juntando las tres tecnologías, podemos concluir que a 2021 la capacidad instalada debe andar por los:

$$1351 + 742 + 861 = 2954 \, GW$$

Mucho se resalta que el rumbo va de maravilla, pero parece no ser suficiente para lograr el objetivo de cero emisiones, debiendo complementarse la acción con la adición de nuevas fuentes "limpias" y la actualización tecnológica de otras "verdes" existentes, para tener ganancias considerables en eficiencia energética, además de reconvertir o eliminar las que más corrompan a la atmósfera. No obstante, es alentadora la noticia de que la capacidad renovable instalada global ascendió a 3 mil 42 GW en 2021[1], con un aumento del orden del 9 %. Sobre la energía nuclear, a finales de 2021, los 437 reactores instalados suministraron 410.2 GW[2], así que, por nuestra parte nosotros estimamos, que la capacidad de energía, cero emisiones, plantada en el mundo implica un total de 3264.5 GW, surgiendo la pregunta obligada: ¿cuánto representan 3264.5 GW respecto a la energía total mundial instalada"?

Una aproximación de la generación total instalada mundialmente a 2020 es 8591.496[3], que agregándole 773.235 por el 9% del incremento de 2021, resulta que la capacidad neta total mundial a 2021 es de 9364.731 GW. Entonces:

El avance de la instalación de energía, cero emisiones representan el 35.92 %, ciertamente un gran avance, restando por transformar 6100.231 GW, el 64.08 %, de aquí al 2050.

[[1]Review Energy, La energía solar registra récord de crecimiento global en 2021, 12/04/2022, https://www.review-energy.com/solar/la-energia-solar-registra-record-de-crecimiento-global-en-2021;
[2]Marta M. Gospodarczyk, Departamento de Energía Nuclear del OIEA, Según datos de 2021, la energía nucleoeléctrica puede ofrecer seguridad energética en medio de las crisis mundiales, 19/08/2022, último acceso 19/10/2022 a https://www.iaea.org/es/newscenter/news/estad%C3%ADsticas-pris-energia-nuclear-2021,
[3]Expansión / Datosmacro.com https://datosmacro.expansion.com/energia-y-medio-ambiente/electricidad-generacion, Tabla 2020, https://datosmacro.expansion.com/energia-y-medio-ambiente/electricidad-generacion, último acceso 18 de octubre 2022]

COROLARIO:

Como la capacidad instalada total del orbe es 9364.731 GW, con 3264.5 GW cero emisiones, implicando que a 28 años del 2050 se requieren innovar 6100.23/28 = 217.87 GW de energía cero emisiones promedio por año; **meta muy factible.** Por desgracia, solo 77 países se han comprometido a ir por ella. ¡Lástima, el mundo sí que está en grave riesgo!

5.4.3 Cumbres Mundiales del Cambio Climático, la luz de esperanza

5.4.3.1 Antecedentes

La Conferencia Científica de las Naciones Unidas, ONU, del 17 de agosto al 6 de septiembre de 1949 sobre Conservación, sobre Utilización de los Recursos de la Tierra, celebrada en Nueva York, puede considerarse un antecedente universal pro-planeta, por derivar de aquí las acciones, tendientes a frenar el cambio climático, que hoy día se impulsan. Esa Conferencia, fue el primer Órgano de las Naciones Unidas en ocuparse del uso y agotamiento de esos recursos, centrando la atención en cómo gestionarlos, en beneficio del desarrollo económico y social, pero sin ocuparse de la conservación de los recursos naturales del planeta. Fue hasta 1968, cuando los principales miembros de la ONU marcaron un sentido ambientalista[1].

[1] Peter Jackson, Naciones Unidas, Crónica ONU, "De Estocolmo a Kyoto: Breve historia del cambio climático, https://www.un.org/es/chronicle/article/de-estocolmo-kyotobreve-historia-del-cambio-climatico, último acceso 19/10/2022]

La Conferencia Científica de Estocolmo, Suecia, de 1972, se bautizó como la **Cumbre de la Tierra** y fue anunciada: "**Conferencia de las Naciones Unidas sobre el Medio Humano**"; un calificativo que refiere a "los seres vivos y los patrones naturales que conforman los ecosistemas y las diferencias genéticas dentro de cada especie". En ese evento se emitieron los principios para la conservación, mejora del medio humano y un plan para la acción ecologista ecuménica, al extenderse a todo el orbe.

Un apartado sobre la identificación y control de contaminantes, de amplio calado mundial, planteó por primera vez el **cambio climático**, alertando a los gobiernos que debían tomarse en consideración las actividades causantes de ese gran problema y evaluar la probabilidad y magnitud de las repercusiones de éstas sobre el clima.

La Cumbre de la Tierra, o del Clima, formalmente nominada "Conferencia de Naciones Unidas sobre el Medio", trata complicadísimos retos, vinculados con la mejora humana y el desarrollo sustentable de los pueblos.

De estas cumbres, la Conferencia celebrada en Río de Janeiro, en junio de 1992, fue un punto de quiebre en las acciones internacionales sobre cuidado del planeta, al iniciarse la Convención Marco de las Naciones Unidas sobre el Cambio Climático, **CMNUCC**, siendo ratificada por 196 Estados, derivando de aquí las Conferencias de las Partes (**COP**) que reconocen ese problema y en particular que el Calentamiento Global es derivado de las actividades humanas, asignando a los países industrializados como garantes de la titánica lucha, contra la mayor amenaza avizorada sobre la humanidad; ¡el peligrosísimo aumento de la temperatura de la Tierra!

5.4.3.2 La ONU en Lucha Titánica contra el Calentamiento Global

La Organización de las Naciones Unidas, alerta que, al ritmo actual de quema de combustibles fósiles, la Tierra se podría calentar el doble de lo esperado, superando hacia el 2100 los 3 °C. Por eso en el mundo entero se ha emprendido una "feroz lucha", apostándole, en gran medida, a las fuentes de energías renovables y a revertir la pérdida de bosques, porqué de lo contrario la amenaza podría liquidar a la humanidad, o condenarla a llevar una vida miserable y sin posibilidades de desarrollo.

En esta línea, en la Conferencia de las Partes COP21, con sede en París, el 12 diciembre de 2015, los integrantes de la Convención del Marco de Naciones Unidas sobre el Cambio Climático, CMNUCC, alcanzaron un acuerdo histórico para combatir sus impactos negativos sobre la humanidad y de aquí planteamos el

Primer Axioma: "mantener el aumento de la temperatura mundial este siglo XXI, muy por debajo de 2 grados centígrados, con un límite de 1.5 °C", aforismo o sentencia tan clara y evidente, que se admite sin demostración, aclarando que el límite de 1.5 °C tiene todo el respaldo científico.

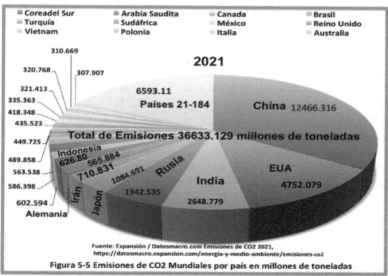

Figura 5-5 Emisiones de CO2 Mundiales por país en millones de toneladas

Para lograrlo, se acelerarán e intensificarán las acciones e inversiones para un futuro sostenible, con bajas emisiones de carbono, causantes del efecto invernadero y su inminente impacto en el Calentamiento Global, siendo el dióxido de carbono, CO_2, y el metano, CH_4, los más dañinos. La Figura 5-5 exhibe los 20 países con más emisiones de CO_2 a la atmósfera. Pese a que los gobiernos de las naciones del orbe reconocen el Acuerdo de París. La voluntad política colectiva no ha sido suficiente para superar contradicciones arraigadas y diversos intereses localistas; no obstante, la Tierra espera acciones efectivas para que su temperatura no aumente más de 1.5 °C, de lo contrario: "¡el hombre pagará muy cara la factura!"

La Cumbre sobre la Acción Climática ONU 2019, celebrada el 23 de septiembre, en la Sede de Nueva York, donde participaron 77 países y más de 100 ciudades de las más grandes, de los 5 continentes[###], presentó una Cartera de nueve acciones prioritarias concretas, para combatir la crisis climática.

El objetivo común fue acelerar el cumplimiento del acuerdo de París. Esos países y ciudades se comprometieron a reducir las emisiones de gases de efecto invernadero a cero para 2050, para lo cual se requiere una acción global muy ambiciosa, centrada en la reducción de emisiones de dióxido de carbono, CO_2, en un 45% a 2030. La Figura 5-5 consigna la cantidad de emisiones de CO2 anuales en millones de toneladas, Mt, para cada uno de 184 países. En esa figura se observa que China contribuye con 12466.316, debiendo reducir las emisiones para no rebasar en 2030 la cantidad de 6,856.375 Mt anuales. El segundo país de más aportación es EUA, con 4752.079 Mt, implicando que deberá bajar gradualmente la emisión de ese contaminante, hasta llegar a un máximo de 2613.643 Mt anuales.

En la Figura 5-5 también se puede observar que los 20 países con mayores emisiones de CO2 representan el 82% y que los países con menores emisiones, es decir del 21 al 184, representan tan solo el 18%. Las emisiones totales actuales son 36633.129 Mt anuales, de forma que para reducir el 45% de emisiones de esa cantidad, implica que se reduzcan 16484.908 Mt de toneladas gradualmente, hasta alcanzar esa cifra en 2030.

En conclusión, la reducción gradual necesaria por parte de los veinte países más contaminantes, representa 13,518.009 Mt anuales, hasta lograr mínimo esa cifra en 2030; mientras que para los otros 164 países se requiere una reducción de 2966.899 Mt cada año, ¡**sin duda un gran reto!**

La Cumbre sobre la Acción Climática ONU 2019, marca el escenario para la Conferencia de las Partes COP26, celebrada en noviembre de 2021 en Glasgow, Escocia, del Reino Unido, con el desarrollo de soluciones y planes concretos realistas, en la transición global hacia las energías renovables; las infraestructuras y ciudades sostenibles y resilientes, con capacidad de

---

[###]Hay 8 modelos continentales, siendo los dos principales: el de 4 considera a América, Oceanía, Antártida y Eurafrasia; otro de 5, empleado por la ONU, incluye solo los continentes habitados (excluye la Antártida) por eso los cinco anillos del logotipo olímpico, separando a Europa y Asia

prosperar a pesar de las influencias negativas, como los desastres naturales, el cambio climático y la sobrepoblación.

Entre otros objetivos de la Cartera, está la ordenación sostenible de océanos y bosques. El Calentamiento Global, CG, ha puesto en jaque la supervivencia humana, pidiendo la ONU medidas inmediatas para frenar el cambio climático "irreversible"[1].

La problemática es muy grave, en un informe de la ONU[2] se señala que los fenómenos meteorológicos son cada vez más extremos, quintuplicando, en los últimos 50 años, los desastres naturales, impactando significativamente a los países más pobres, causando del orden de 2 millones de fallecidos y arriba de los 3 mil millones de dólares en pérdidas, consecuencia entre otros motivos de devastadores huracanes, sequías e incendios.

[[1]Prevención Integral, La ONU pide medidas inmediatas para frenar un cambio climático "irreversible" que pone en jaque la supervivencia de la humanidad, 13/04/2022, U.acceso 20/10/2022,
https://www.prevencionintegral.com/ca/actualidad/noticias/2022/03/18/onu-pide-medidas-inmediatas-para-frenar-cambio-climatico-irreversible-que-pone-en-jaque;
[2]Naciones Unidas, Noticias ONU, Cambio Climático y medioambiente, Las catástrofes relacionadas con el clima se quintuplican en 50 años, pero la mejora de los sistemas de alerta salva más vidas, 01/09/2021, https://news.un.org/es/story/2021/09/1496142, último acceso 19/10/2022]

El CG es causante del "negro panorama". Para salvar la Tierra hay que actuar con firmeza, no incrementar más de 1.5 °C este siglo es clave, para evitar un desastre mundial, de consecuencias incalculables. Por eso la Conferencia COP26 de Glasgow, de noviembre de 2021, ratificó el compromiso de lograr para 2050 "the Carbon Neutrality", Emisiones Cero.

La COP26, "el pacto de Glasgow para el clima", proporcionó nuevos cimientos para lograr el Acuerdo de París de 2015, con compromisos relevantes, empezando por el reconocimiento de la emergencia y la urgencia de actuar esta década, 2020-2030, considerada crítica, con la implantación de acciones efectivas, concretadas al final de ésta, como la reducción de las emisiones de CO_2 en un 45%. También, más de 100 países acordaron bajar 30% el metano lanzado a la atmósfera, gas causante del 25% del efecto invernadero.

La Figura 5-6 consigna que las emisiones mundiales anuales, estimadas para 2021 de metano, representan 7084.77 Mt, expresadas en CO2 equivalentes, pudiéndose apreciar que los 20 países más contaminantes aportan 5559.086 Mt, que representa el 79.87%. El resto de los países contribuyen con 1425.684 Mt o el 20.23% del total.

El compromiso más polémico, de la COP26, fue el abandono de los combustibles fósiles, lo cual es imperioso ya que carbón, petróleo y gas son los principales causantes del **C**alentamiento **G**lobal.

En Glasgow 137 países dieron un paso histórico, al rubricar la urgencia de detener y revertir la pérdida de bosques y la degradación de las tierras a

2030. Sí, no es factible parar la implantación de infraestructura de los pueblos, pero debe lograrse con apego al objetivo del desarrollo sustentable de la ONU, que designamos como el

Segundo Axioma: "Gestionar sosteniblemente los bosques, luchar contra la desertificación, detener e invertir la degradación de las tierras y detener la pérdida de biodiversidad".

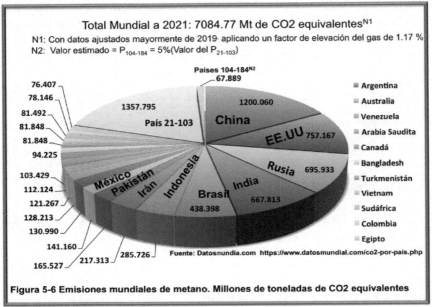

Figura 5-6 Emisiones mundiales de metano. Millones de toneladas de CO2 equivalentes

Como muestra aquella Tabla 5-1, en México el transporte encabezó en 2017 y 2020 la lista de contribución al efecto invernadero, situación que es equivalente a la mayoría de los países industrializados, debido a que los sectores de más emisión están entre el transporte y las fuentes de generación de energía eléctrica.

Es alentador que la COP26 logró que más de 30 países, 6 importantes fabricantes de vehículos y algunas ciudades contemplen, a 18 años y a nivel internacional emisiones cero; meta vital, pues globalmente esta industria aumenta el efecto invernadero en 10%; eliminar esta contribución, conduce al

Tercer Axioma: "transporte cero emisiones a 2040"

La transición energética del mundo es fundamental. El cambio de fuentes fósiles contaminantes, por otras que no aporten en el efecto invernadero es apremiante. La solución no se dará con buenos deseos o compromisos incumplidos, la Tierra espera acciones efectivas y sin demora. Un ejemplo es Sudáfrica, con la producción de electricidad con mayor índice de emisiones del mundo, país que será apoyado por otros, para que en un plazo de 3-5 años pueda hacer una transición justa, hacia una economía con bajas emisiones de carbono.

No solo las fuentes renovables limpias resolverán el problema. La tecnología nuclear también avanza, llamando la atención que China está desarrollando reactores "de capacidad limitada" de torio***, un elemento de símbolo Th y número atómico 90, dos menos que el uranio. Estos rectores pueden usar agua salada y en caso de una eventual fuga, ésta se apagaría y el riesgo de la radiación sería mínimo.

Roberto E. Cunninham que entregó su vida a la industria energética, propuso: "la historia del hombre es la crónica de la búsqueda permanente de fuentes de energía y de sus formas de aprovechamiento, con el propósito humano de servirse del ambiente"; pensamiento al que agregamos "cuidando el planeta".

El proceso de transición energética no es algo nuevo. En el pasado ocurrieron otros grandes cambios históricos: de la madera al carbón en el siglo XIX y del carbón al petróleo en el XX. A la actual transición la caracteriza la premisa: "proteger el planeta de la peor amenaza avizorada, el CG". La tarea es "in extremis" urgente, por peligrosa. Un objetivo muy factible, sobre todo porqué los avances tecnológicos nos ofrecen "soluciones en bandeja de plata". Pero a los países menos ricos se les debe transferir tecnologías, sin la explotación corriente: ¡es vital impulsar su desarrollo!

5.4.3.3 Transición energética basada en tecnologías limpias

Las fuentes eólicas, solares, hidráulicas y nucleares son limpias, verdes y renovables, con excepción de la última, considerada solo limpia. Los conceptos y aspectos tecnológicos se encuentran en diversas publicaciones, disponibles en los diferentes medios de difusión. Al respecto se tratará el tema con un alcance general[1].

[[1]TWI, What is green energy? (Definition, Types and Examples, https://www.twi-global.com/technical-knowledge/faqs/what-is-green-energy, último acceso 19/10/2022]

La mayoría de las fuentes de energía verde son renovables, pero no todas las renovables se consideran verdes. La energía hidroeléctrica es renovable, pero se dice que no es verde, ya que la deforestación y la industrialización, relacionadas con la construcción de presas, pueden dañar el medio ambiente y con ellas se afecta el arrastre de sedimentos aguas abajo.

***El torio podría ser el combustible de los reactores nucleares futuros, con menos riesgos y esperando que con el tiempo el costo del KWh generado mejore al del U-235

Los aerogeneradores tradicionales son como molinos, con un impacto visual al entorno natural y sus palas son dañinas para las aves y los murciélagos. Pero, su industria se renueva a pasos agigantados y aprovecha el efecto Vortex, en la construcción de generadores de diferentes estructuras, que armonizan con el entorno. Son "más silenciosos, económicos, duraderos y eliminan el inconveniente de impacto del entorno natural, minimizando el daño a la fauna.

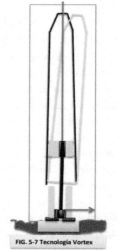

FIG. 5-7 Tecnología Vortex

El **Efecto** Vortex se soporta en la resonancia aereoelástica. Aprovecha la energía del viento por medio del fenómeno de aparición de vórtices llamado "Vortex Shedding". Básicamente, la eólica sin palas consiste en un cilindro fijo vertical sobre una varilla elástica que se empotra en el suelo. El cilindro oscila según la velocidad de aire, transformando energía mecánica en electricidad mediante un alternador. La Figura 5-7 ilustra esta tecnología que dará un fuerte impulso a la energía eólica sin palas, esperando superar sus defectos, que tanto daño han ocasionado.

Las fuentes de generación de energía solar y eólica son de gran penetración mundial y no solo se conectan a las redes de transmisión, también se aprovechan en conjunto con otras tecnologías limpias, para implantar lo que se conoce como generación distribuida, acercando las fuentes a los centros de carga de los consumidores industriales, comerciales, agrícolas, residenciales y rurales.

La generación distribuida es fundamental en los programas de transición energética del mundo, para la producción de electricidad "Cero Emisiones", en la búsqueda de "ciudades cero emisiones".

Actualmente, las ciudades representan como el 70% de las emisiones de carbón y consumen el 78% de la energía del planeta, por lo que juegan un papel fundamental en el cumplimiento del **primer axioma**, ligado con el incremento máximo de 1.5 °C. Hoy día, mencionar ciudades "cero emisiones" parece una utopía un sueño[1].

[[1]World Economic Forum, "Net Zero Carbon Cities: an integrated approach": Ciudades Emisiones Cero de Carbón"; 11/01/2021, https://es.weforum.org/reports/net-zero-carbon-cities-an-integrated-approach/, ultimo acceso 19/10/2022]

Así se construye el futuro, soñando. Lo hacemos por qué no imaginamos, ni concebimos un mundo "mísero, deshecho o despedazado y sin desarrollo". Por consecuencia exponemos el

Cuarto Axioma: "Lograr a 2050 ciudades resilientes, sustentables, ecológicas, con un reciclaje mínimo de 80% y cero emisiones".

Los cuatro axiomas son categóricos, faltando uno, que podría calificarse enteramente filosófico, pero que consideramos muy importante, al vincular la justicia solidaria del mundo con sus pueblos, así que planteamos el

Quinto Axioma: "Transición energética cero emisiones con economías y desarrollos tecnológicos con justicia, buscando la cooperación entre países, para elevar el nivel de vida de los pueblos".

5.5 Axioma Concluyente

Entre otras acciones, a 28 años del 2050, la humanidad requiere cambiar 6100.23 GW de energía contaminante por fuentes de energía limpias y renovables cero emisiones. La meta es muy factible; pero, por desgracia, la voluntad política colectiva no ha sido suficiente para superar contradicciones arraigadas y diversos intereses localistas. Este axioma concluyente engloba a los otros cinco, con el claro y firme propósito de lograr abatir la amenaza más visible y peligrosa de la humanidad, anunciada como:

"Eliminar el riesgo del Calentamiento Global, es clave de subsistencia"

Los Axiomas planteados podrían catalogarse como inalcanzables, pero se deben redoblar los esfuerzos para lograrlos. Son vitales porqué cotidianamente se ven pueblos devastados por fenómenos naturales y obviamente sus ciudades distan mucho de ser resilientes, surgiendo una gran cantidad de incertidumbres o dudas, entre otras:

➢ ¿Qué será de las ciudades costeras amenazadas con la eventual elevación del nivel del mar?

➢ ¿Cómo se apoyarán esas comunidades para lograr la resiliencia?

➢ ¿Cómo frenar el avance de la desertificación y las sequías?

➢ ¿Cómo minimizar la ocurrencia de incendios forestales y zonas habitacionales?

➢ ¿Cómo reducir la pérdida de costas?

➢ ¿Cómo evitar la pérdida de los glaciares?

➢ ¿Cómo evitar la pérdida del permafrost?

➢ ¿Cómo resolver las hambrunas, pobrezas y las consecuentes migraciones de los habitantes de los pueblos?

➢ ¿Cómo abandonar de forma definitiva los combustibles fósiles, adoptando las fuentes cero emisiones?

Las tareas son titánicas, pero sí la humanidad quiere permanecer en la Tierra tiene que ir por ellas. ¡Resolverlas al cien por ciento ¡es bien factible!, sin olvidar que:

La tecnología y la ciencia, que parecen no tener límites, están al alcance, ¡sí se puede!

Capítulo 6: Conclusiones

El artículo "¿Solos en el Universo? En búsqueda de nuestros hermanos cósmicos", de la revista de Divulgación de la Ciencia-UNAM (**www.comoves.unam.mx**) "cae como anillo al dedo" para externar que del cosmos se ignora mucho, sobre todo como fue su inicio y que final le espera. El trabajo se encabeza con dos buenos pensamientos filosóficos. El primero viene del siglo IV a.C. y fue una inspiración de Metrodoró de Lámpasaco, hoy Turquía:

➢ "Pensar en la Tierra como el único planeta habitado en el espacio infinito, es tan absurdo como creer que en un campo de cereal mijo sólo crecerá un grano".

El segundo es de Giordano Bruno, que se hacía llamar "Nolano", al haber nacido en Nola, una provincia cercana de Nápoles. Fue un filósofo condenado a morir en la hoguera al desafiar a la Inquisición, por divulgar que el Sol era el centro del Universo, o sea la teoría de Copérnico. Su pensamiento es grandioso y vigente:

➢ "Existen innumerables soles, incontables tierras giran en torno a esos soles, en la misma forma que los planetas lo hacen alrededor de nuestro Sol. En esos mundos habitan seres vivos".

Recuerdo que cuando era un chiquillo, una vivencia me despertó una enorme predilección por el Universo, "el todo", sobre el que no hay palabras idóneas para describir su grandeza, ignorándose, como se apuntó, la génesis y su culminación, siendo el Big Bang la teoría más aceptada de su inicio, hace 13,800 millones de años, un término que no se apega a su significado, al ser una designación que acuñó el astrofísico Fred Hoyle, a manera de burla, de la teoría del Átomo Primigenio, del también astrofísico/sacerdote **Georges Lemaître**.

Ese átomo venía de una contracción y apretujó tanto a "el todo" que se tornó inestable, suscitándose una especie de explosión, sin estruendo, pero sí elevando la temperatura a más de 100 quintillones de grados Kelvin ($100x10^{32}$ K, un 1 con 34 ceros por delante).

Fue el "despertar del tiempo", generándose desde ese instante un espacio en expansión que separa las galaxias, que de no parar llegaría irremediablemente la muerte térmica. Sí cesa habría una contracción causante de una gran implosión o Big Crunch y luego un nuevo Big Bang, entrando a un proceso de eones repetitivos, un "Sistema Cosmológico Cíclico Cerrado", una "historia sin fin".

La otra posibilidad de la creación es que el todo fuera "puesto allí" por una divinidad a partir de "la nada", acción que se cataloga como imposible, ya que la Ley de la Conservación de la Energía dicta: "nada se crea ni se destruye, sólo se transforma". Además, la nada es un concepto de fondo filosófico, no físico, porqué el vacío absoluto no existe, ni se puede provocar. Sí se quisiera "extraerle todo" a un contenedor, el proceso nunca acabaría, aparecerían espontáneamente partículas y antipartículas aniquilándose entre ellas, generando energía e inherentemente materia, al conducir una a la otra, al ligarse con el cuadrado de la velocidad de la luz $E = mc^2$.

El primer instante del "bebe Universo", fue una era que los científicos llaman un Planck, de duración tan mínima que no alcanzó ni para "un suspiro", al valer 10^{-43} segundos (un punto luego 42 ceros y un 1). Lo interesante es que hasta que se rebasó ese tiempo las leyes de la Física son aplicables, ¡antes no!, quedando un resquicio donde la "mano divina" podría haber participado, al menos fijando las constantes de la naturaleza, mismas que permitieron que se tenga este universo pleno de seres, que como los terrícolas lo habitan; entes "suertudos de ser materia y no antimateria", al romperse el principio de la simetría, dominando la primera a la segunda, sin saber la razón del quebranto.

El Universo nació "bien afinado", al dotársele con las leyes de la naturaleza que tiene: "¡por eso es como es y no algún otro!". Así es como el acervo documental, disponible en los medios de difusión, justifica que las constantes de la naturaleza hayan adquirido los valores que tienen. No obstante, De la Génesis al fin de nuestro Universo, sostiene que de ninguna forma se pudieron haber sintonizado esas constantes, sino más bien la parametrización del Universo fue gracias al libre albedrío, al azar; pudiendo ser nuestro conjunto de 6 números, distinto al de los universos hermanos del Multiverso.

Aquellas vivencias de niño hacen recordar que de esa etapa afloran los recuerdos. Cuando "morrito", como se les dice a los niños al norte de México, miré en el cielo tantas estrellas que cuestioné a Juanita sobre lo que estaba viendo, escuchando una respuesta que no comprendí, pero que marcó el interés de aprender sobre el "cielo y las estrellas":
"¿Abue que es el universo?"
> Es uno de los tantos que existen (Multiverso). Son como el agua que hierve en aquel cazo, de boca y mangos infinitamente grandes, que parece contener un "océano de un agitado vacío" y que es sacudido por "la mano de Dios", que decide conservar burbujeantes el

sinnúmero de pompas, que son los universos, que emergen y fenecen, en forma catastrófica, después de billones de años terrestres.

➢ A cada naciente burbuja, de tamaño menor que el átomo, la creación la suelta al libre albedrío, dotándola de su energía, que en cuantía siempre es la misma, la que podrá transmutar en sus distintas formas.

➢ El universo líquido hirviente naciente, arrancará su vida en una "oscuridad plena" y contendrá yuxtapuestas los campos de fuerza de la naturaleza. Algo fundamental de la creación es que a cada burbuja se le dota con una "Partícula Divina", la "Partícula de Dios", que permitirá que las otras adquieran masa.

El poder que arrancó la historia del tiempo estuvo en el vacío, que hoy día se le ha bautizado como energía oscura, misma que generó primero una etapa inflacionaria, para que el Universo Primigenio ensanchara su espacio de modo exponencial, acción imprescindible para la posterior evolución. La "Partícula Divina" facilitó que las partículas y antipartículas elementales, aniquilantes entre ellas, adquirieran su masa, con un dominio preponderante de supervivencia de las primeras, por lo que el Universo está conformado de materia bariónica u ordinaria, que es la que ocupa un lugar en el espacio, en vez de antimateria.

Después de diversos acontecimientos aparecieron los fotones, para ir iluminando aquella oscuridad y con mucho más espacio, muchos electrones no se eliminaron con los fotones, al haber menos colisiones, facilitándose la creación de los átomos más básicos del Universo: hidrógeno, helio y litio.

Luego de unos millones de años se edificaron estrellas, donde se dan en permanencia reacciones de fusión nuclear, transformando hidrógeno en helio, liberando energía y brillo. Mediante fusiones más sofisticadas, que involucra un proceso de expansión y contracción volumétrico, las estrellas pueden fabricar, a partir del hidrógeno y helio, los elementos más ligeros de la Tabla Periódica, que incluye 118. En esa dinámica, el núcleo alcanza la temperatura suficiente para elaborar hasta el hierro, que es el 26, habiéndose transformado antes helio en carbono, con estos dos últimos el oxígeno y así. Esos astros se agruparon en galaxias, en donde emergieron mundos y en éstos diferentes formas de vida como la terrícola.

El 72% del Cosmos es energía oscura, la del vacío, cuya fuerza es opositora y dominadora de la gravedad, no permitiendo su contracción, sino que impulsa las galaxias para mantenerlas en expansión, según fue demostrado por Edwin Powell Hubble en 1929.

Esa maravilla, contiene todo cuanto existe, empezando por las incontables estrellas, al haber, tan solo en la Vía Láctea, entre 200,000,000,000 y 400,000,000,000, mismas que alojan infinidad de mundos, muchos similares a la Tierra, que se denominan exoplanetas por orbitar un sol. La Tierra es el tercer planeta, del Sistema Solar de la Vía Láctea, o "Camino de Leche", como le decían los romanos.

Nuestro Universo contiene un 4%, de materia bariónica u ordinaria que edifica todo lo que ocupe un lugar en el espacio: estrellas, planetas, cometas, asteroides, etc. Nosotros mismos "somos polvo de estrellas", es una icónica frase de Carl Sagan. Al 24% que falta para el cien por ciento, se le ubica en la periferia de las galaxias y se le bautizó como materia oscura fría, CDM, que no es observable, solo detectable indirectamente.

Cuando chavo mi abuela me llevó al catecismo, para la instrucción básica de la doctrina católica, que es el conjunto de contenidos que la Iglesia considera como "verdades de fe". En esa materia se enseña a creer en un Dios todo poderoso, "hacedor del todo"; acción divina que explayan diciendo: "creador del Cielo, de la Tierra y cuánto en ella exista".

Al hombre, según la Biblia, en su libro "Génesis" (primer tomo del Antiguo Testamento) el Supremo lo edificó a su imagen y semejanza, concepto muy opaco, pero que se entiende como la conjunción de lo material y lo espiritual. ¡Pero, bueno!, ¿y la mujer? Hay dos versiones interpretativas de lo escrito en esa obra. En la primera: "y Dios creó al hombre en su imagen y semejanza. Hombre y mujer él los creó".

En la segunda: "Dios hizo que el hombre cayera en un sueño profundo y mientras lo estaba, tomó una de sus costillas y con ella conformó a la mujer". El adoctrinamiento remarca el cumplimiento de "diez mandamientos", para aspirar a la "salvación" y pasar a la "vida eterna en el Cielo", reservado para las almas buenas. "Esos mitos a cualquier pequeño le provocan inmensa curiosidad y duda. Tan pronto llegué a casa cuestioné a la madre de Amelia, mi progenitora: ¿en qué lugar está el Cielo"?

En retrospectiva se deduce que el papel del género femenino, heredado a lo largo de la historia, e incluso por lo que narra el Génesis, ha ocupado un segundo plano; lo que rechazamos de tajo, porqué debe privar la igualdad mujer-hombre. Así se estilaba, pero lo más probable es que ese libro lo escribió la mano de un varón. El Génesis inicia narrando el origen del Universo, diciendo que en un principio lo que existía era la nada y que Dios a lo largo de una semana engendró todo lo que existe en nuestro planeta. Sobre quien escribió la obra mucho se ha investigado, sin poder concluir, al no estar firmado; no obstante, recientes trabajos apuntan a Moisés como el autor.

En aquellas clases escuché: "las puertas del Cielo las resguarda San Pedro", un apóstol de Jesús de Nazaret. Esa encomienda de Simón Pedro, de Galilea y de oficio pescador ("el pescador de almas") como guardián, da cabida a señalar que él era responsable de "la seguridad del Señor", factibilidad inferida porqué en los Evangelios Canónicos, dentro de la Pasión de Cristo, se cita que Simón Pedro le cortó una oreja a un soldado, en la aprehensión de Jesús, en el Huerto de los Olivos. Sobre aquella pregunta, sobre donde quedaba el cielo la dulce abuelita explicó:

"Después de las últimas estrellas que miráis ahí está".

Esa conjetura se alinea con las ideas de Ptolomeo, Aristóteles y el mismo Copérnico, al ubicar el Cielo más allá de una cúpula de estrellas fijas, al quedar un vasto espacio". Aristóteles supuso un mundo sublunar, otro supralunar y luego estrellas inmóviles. Al espacio supralunar lo imaginó lleno de éter, una substancia más ligera que el aire. Sin saberlo aquel filósofo estaba conceptuando, lo que hoy día llamamos "energía oscura del vacío". En su libro Sobre el Cielo cita: "es preciso que consideremos ahora la naturaleza del mismo universo, tanto si es infinito en magnitud como si es finito", aspecto de mucho fondo científico y que aún sigue siendo un enigma, al no saber si la topología es abierta o cerrada.

Esa etapa de aquellos grandes hombres de la Antigua Grecia puede aceptarse como el nacimiento de la Cosmología, que al remontarnos a la era de Claudio Ptolomeo (astrónomo, astrólogo, químico, geógrafo y matemático) significa referir el siglo II de nuestra era.

Sobre la dimensión del Universo Albert Einstein con su Teoría de la Relatividad estableció que el Universo es finito pero ilimitado, calificativo para nada contradictorio, al significar que ha alcanzado cierta dimensión, la que se incrementará sin límite, debido a su expansión. No obstante, la teoría establece que, si el ensanchamiento perdura, llegará eventualmente el fin, porqué el equilibrio térmico deberá suceder, es una ley. Además, él consideraba que el Universo era incólume, siempre igual; una visión errónea arrastrada desde la era aristotélica y que perduró hasta el siglo XX.

Los científicos en las distintas épocas adoptaron esa idea y el mismo Albert Einstein introdujo la "Constante Cosmológica", en las ecuaciones de la gravedad de la Teoría de la Relatividad, para obtener un cosmos sin expansión ni contracción. Él mismo la eliminó en 1931, expresando "ha sido el mayor error de mi vida"; no obstante, esa constante en este siglo XXI ha resurgido, "¡está de moda!".

Nuestra obra, a las etapas de evolución de la Cosmología se les considera como Revoluciones. La tercera, la del Siglo XXI, corresponde con la Nueva Cosmología, soportada en buena parte por el Modelo Cosmológico Estándar, de 1998 y que es estructurado con un marco de cuatro teorías:

1. Big Bang.
2. Cosmoabundancias primordiales.
3. Expansión del universo y
4. Radiación de Fondo de Microondas, CMB.

El cosmos se ha enfriado desde no menos de 100 quintillones K, o 10^{32} K, a los 2.7 K, según las fluctuaciones de esa radiación CMB. Con la expansión del espacio, la densidad de la energía oscura (representa el 72% del cosmos) ha decrecido enormemente, debe estar mucho más dispersa que durante el Big Bang y, consecuentemente, la entropía del Universo ha crecido billones de veces, respecto a hace 13,800 millones de años.

El año 1998 se puede ver como innovador, en cuanto al estudio del Universo, al iniciar una "nueva Cosmología". Esto gracias a que los científicos Saul Permutter, Brian P. Schmidt y Adam G. Riess, Premios Nobel 2011, hacen un descubrimiento increíble, a partir de observaciones de supernovas lejanas, revelando que no solo se expande, ¡lo hace de manera acelerada! Ante esto, salta la posibilidad de enfrentar un evento terminal, clausurando la historia del tiempo con "¡un Universo despedazado!".

La Cuarta Revolución Cosmológica, probablemente la de la mitad del siglo XXI, o incluso del XXII, arrancaría con la Teoría del Todo, o Gran Unificación de todas las fuerzas de la naturaleza. La primera se dio en 1687 con la Ley de la Gravitación Universal, de Issac Newton, que demuestra que la fuerza que nos mantiene anclados a la Tierra y la atracción que ejercen entre ellos los planetas y demás cuerpos no son distintas, a diferencia de lo que se consideraba desde los tiempos de Aristóteles. La segunda unificación fue gracias a James C. Maxwell, que en 1873 juntó las diversas teorías de la electricidad y el magnetismo en un solo modelo.

La Teoría del Todo es un reto de la Física y la Cosmología. Será una teoría única que modele tanto el macrocosmos como el microcosmos, al unir todas las fuerzas de la naturaleza, incluyendo la gravedad, base del modelo relativista.

No olvidamos a la abuela. Ya cerca de su partida alguien cercano le dijo: "¡Abuelita no nos dejes!", ella sonriendo exclamó:

"¡Todo lo que inicia tiene un final!".

El Universo y todos sus componentes morirán, incluyendo la Tierra, como pudo leer el amable lector, que tal vez incursionó en la obra desde "Preparando el inicio de Todo", hasta el "Calentamiento global, un Jinete apocalíptico", la mayor amenaza a los terrícolas, fenómeno que deberá ser controlado, para permanecer en nuestro "hermoso planeta azul" unos siglos más. Todos debemos apoyar la encomienda de salvar al planeta, ¡si se puede!

Armando Frausto Solís

Capítulo 7. Gratitudes por los apoyos recibidos

La Cosmología y la Física son una maraña de intrincadas teorías, así que escribir sobre el Universo resulta un enorme reto, "¡eso y más!", "un proyecto de vida", "un sueño", culminado con la emisión de esta obra. La idea saltaba con frecuencia de una de mis neuronas, diciéndome: "¡ya empiézale, ahora o nunca!" Llegó el día, hace un poco más de 3 años. Como casi siempre, desperté tempranito, "¡serían las 4 ó 5 de la madrugada!" Brinqué de la cama, me enfilé a la cocina, preparé café y "directito a la compu". Allí permanecí horas, navegando en la red, "brotando" interesantísimos artículos, notas y videos.

Qué increíbles científicos nos ha ofrendado el mundo, no cesan de investigar, descubrir y publicar conocimiento. Ese vasto material facilita el aprendizaje del Universo de ayer, hoy y mañana; de esa historia sin fin que escenifica. Resulta fantástica la experiencia el adentrarse a la génesis, la evolución y al ineludible fin de "el todo".

Son muchísimos los científicos que merecen reconocimientos, por sus trabajos, conferencias magistrales y videos que tanto me ayudaron a tratar de entender, al menos un "poquitín", las teorías y fundamentos que exponen. Como el fantástico artículo de Alberto Galindo Tixaire, de la Universidad Complutense de Madrid, "La Nueva Cosmología: principio y fin del universo"; o la conferencia de Carlos Frenk, de la Universidad de Durham, UK: "Todo de la nada. Cómo se formó nuestro Universo". También están los Video YouTube de Tomás Ortín, del Instituto de Física Teórica, como el nominado: "¿Tenía razón Pitágoras? La métrica del espacio-tiempo". Es una pena no poder mencionar a tantos notables de la Cosmología, la Astronomía y la Física, de los que he tratado de entender lo más y mejor posible. Solo resta expresar: ¡muchísimas gracias a esa comunidad científica!

Alusión especial ameritan los videos didácticos sobre el Universo de la física y astrónoma Julieta Fierro Gossman, muchos conceptos se aprenden de ellos y la asimilación de los profundos contenidos son valiosísimos. A esta científica se le reconoce esa labor, pero además le agradezco encarecidamente su orientación e información proporcionada vía e-mail, respondiéndome una de mis grandes dudas vinculadas con el Big Bang del Universo.

Mucho tiempo atrás había leído, en varias ocasiones, "Historia del Tiempo. Del Big Bang a los agujeros negros", del gran científico Stephen W. Hawking, a quien debo en buena parte la inspiración, o mejor dicho el empeño con que desahogue mi compromiso de realizar el trabajo, que es ahora "una obra abierta a quienes deseen consultarla cuando estudien el tema, o como simple lectura". A Hawking le he admirado su sabiduría y tenacidad, fue un arquetipo de lucha, ¡un ejemplo de vida!

Desde aquel gran día, el despertar, temprano, saltar de lecho matrimonial, preparar un rico café y sentarme frente a la máquina se volvió rutina. En ocasiones empezaba más temprano, para romper el hábito, siendo la acción muy dependiente de la "efervescencia neuronal revoloteando". Este estilo de vida, si así puede catalogarse, claro que ha sido súper perturbador del sueño de mi adorada mujer Sandra Luz Soberanis Barreto, a quien debo encarecidamente gratificar su paciencia y mucho más por aceptar mi gran desapego en la relación de pareja, ofreciéndole 1096 disculpas, o un poco más, si contamos todos los días de la encomienda, diciéndole: gracias, Sandra, este trabajo también debes sentirlo muy tuyo, te pertenece.

Un inicio lo arranca un disparador y este caso no es la excepción. Una tarde en una farmacia de la bella Ciudad de México, coincidí con un amigo y compañero de trabajo, quien produce la magnífica Revista Tláloc, de la Asociación Asjuluz, que aglutina a exempleados, de la extinta Luz y Fuerza del Centro, una institución referente de las empresas eléctricas del mundo del siglo pasado y de la primera década del presente.

Él me convocó a elaborar artículos para la revista. Ese día antecedió a aquella madrugada citada, en la que considero se puso "el primer ladrillo" de la que es hoy una "gran edificación". Muchas gracias, Raúl Chávez Bernabé, por aquella invitación, que resultó detonadora de mi gran aventura en relato. También debo agradecer a él la estructuración e integración de mis artículos a la revista, material que es una parte del acervo que conforma el libro; asimismo, doy gracias a aquellos integrantes de Asjuluz, que hayan tenido la paciencia de leer, mes con mes, mis escritos.

Extiendo un especial reconocimiento a mi inolvidable amigo José Guadalupe Ramírez Ramírez, quien siempre me impulsó a participar en las conferencias organizadas por Asjuluz, habiendo expuesto sendos temas del Universo, el calentamiento global y tantos otros.

Cito a mi amiga Alicia Hernández García por invitarme a los webinar´s del CDVR Unidad Cancún del IPN, dictando algunas ponencias, como "Nuestro Universo y el Apocalipsis Terrícola". Hago extensivo el agradecimiento al IPN y al Centro de Vinculación y Desarrollo Regional Cancún, por aceptar mi colaboración.

Una mención singular amerita mi gran amigo, compañero de la gran Luz y Fuerza del Centro, e "hijo adoptivo" de tantos maratones que corrimos, Guillermo Ibargüengoitia Rentería, quien me orientó acertadamente para entender "un poco mejor" la Termodinámica y el Universo.

Felipe Martínez Cruz de esa misma empresa, me ayudó a estructurar alguno de los axiomas inéditos, que plantea el último capítulo del libro, sobre el Calentamiento Global. Doy gracias a Javier Ornelas de Anda por facilitarme bellísimas fotografías del cielo.

Una alusión muy especial es para el investigador Dr. Juan Pablo Sánchez Hernández, por su valiosísima colaboración en la integración y edición del material, debiendo resaltar que su participación y recomendaciones fueron claves para estructurar el libro.

Una buena parte del contenido de la obra fue revisado por mi hermano Salvador Frausto Reyna, premio Nacional de Ingeniería, de hace ya algunos ayeres. Agradezco sus recomendaciones, reconociendo el gran esmero en las ediciones de varios apartados del trabajo, seguro le ameritó mucho esfuerzo mental y tiempo, máxime que es una temática muy escabrosa; muchísimas gracias, Salvador.

El otro gran pilar de la edificación es mi hermano Juan Frausto Solís, un gran científico mexicano, investigador nacional y demás. Él me ayudó una inmensidad, aclarándome las dudas, o en ocasiones haciéndolas más numerosas, por qué no aceptarlo, así es este mundo de Física y Cosmología. Gracias Juan por toda la ayuda, tus "clases" telefónicas, que seguido se alargaban, abusando de tu valioso tiempo, fueron esplendidas y el aprendizaje fue clave para lograr la meta. Mucho me soportaron todas las referencias técnicas facilitadas.

A mis hijas Myriam y Norma Frausto Soberanis les agradezco encarecidamente las "palabras alentadoras externadas", replicando las notas posteadas por WhatsApp, tratando de recibir opiniones de cómo se percibían las mismas. Ellas las analizaron muy bien, haciéndome valiosos comentarios, lo que me ayudó a seguir sin desánimo el retador proyecto. Normita mucho me ayudó con la revisión de la Mitología Nórdica. Myriam y Rob Himmes me facilitaron increíbles fotos de paisajes y glaciares alaskeños; pero, además,

Myriam fue clave en el logro de la elaboración de la hermosa portada del libro.

A mis hermanas Rosa María Frausto y Sonia Álvarez Reyna les aprecio sus mensajes de apoyo. A mi querida Camilita Villarino Frausto le agradezco encarecidamente que me haya regalado su libro de Alex Riveiro "Hacia las Estrellas Una breve guía del universo" y también la elaboración del mapa de la región vikinga, que forman los países escandinavos.

Es un gusto plasmar los nombres de Daniela Larrañaga Revilla y Valeria Campuzano por su elaboración de dibujos, Daniela en los alusivos a galaxias y Valeria a zonas permafrost y algunos otros.

Con mi chavo Armando tuve algunas pláticas del Universo y el explayarme fue muy útil. Simplemente, la compañía de Armando me ayuda tanto, que le doy gracias a la vida que esté con nosotros.

Mi hermano Héctor Álvarez Reyna siempre esperó paciente la emisión del libro, gracias por el interés. De Jorge Agúndez en diversas etapas del proyecto sentí la buena vibra, de sus positivos comentarios, sobre las notas posteadas. Varias pláticas sobre el Universo sostuve con Álvaro Villarino Zúñiga, las que me ayudaron a fijar, en gran medida, varios de los conceptos y temas en general.

También extiendo un sincero agradecimiento a mis compañeros de la Escuela Superior de Ingeniería Mecánica y Eléctrica, ESIME, del Instituto Politécnico Nacional, IPN, de la gloriosa generación 70 y en especial a Edel Díaz de Vivar, Darío Fernández de Lizardi, Cutberto Rodríguez, Francisco Pastrana y Ariel Téllez de la Parra, a todos y cada uno de ellos les aprecio la selecta información transmitida. Una especial mención a Edel y Darío, por sus atinados comentarios de varias secciones del trabajo. Asimismo, Cutberto me apoyó a estructurar el título de la obra.

Fueron muy valiosas las charlas telefónicas sobre el tema con Arturo Camargo Rayón, gran amigo, compañero de trabajo y de escuela en la División de Estudios Superiores de la Facultad de Ingeniería de la Universidad Nacional Autónoma de México. Gracias Arturo por todo lo que me has ayudado y tu paciencia para escuchar "distintas conjeturas" sobre el Universo y su irremediable muerte, sobre la que externas gran inquietud al saber que puede ocurrir en billones de años, o antes nadie lo sabe. Tu ansiedad es sublime por la agonía del Sol, que iniciará dentro de 4,500 millones de años; ánimo "¡no debemos preocuparnos tanto!"

Siendo justos, debí agradecer en primerísimo lugar a mi madre Amelia

Reyna Solís, ya que su apoyo fue fundamental, para que pudiera formarme profesionalmente y como hombre de bien. Esa mujer trabajó "sin descanso". Del jardín de mis recuerdos salta la imagen de cómo se fletaba en los algodonales del Valle de Mexicali donde nací. La vivencia surge de cuando era un "morrito", como me decían en aquella región de clima extremoso del norte del país, donde el frío es intenso y el calor "insoportable", como dan fe las notas periodísticas de agosto del 2021, que reportan más de 50 °C; "un infierno aquí en la Tierra". Cuando tenía 6 añitos migramos a la ciudad. Ella trabajaba todo cuanto podía, para así brindarme, junto con mi abuela, hermanas y hermanos el sustento y la educación. ¡Amelia siempre te llevaré en mi mente y en mi corazón!

Finalmente, y aun cuando es raro, agradezco a Simba por acompañarme en las jornadas de trabajo, que por lo regular se extendían muchas horas. Él Permanecía en su tapete junto a mí, esperando paciente el merecido descanso y cuando llegaba ronroneaba gustoso. Con él junto a mí me sentí acompañado, tal como un gran equipo.

Para cerrar, agradecemos mucho a la Firma Editora haber aceptado nuestra obra "De la Génesis al Fin de Nuestro Universo", haciendo votos para que resulte un éxito.

Muy encarecidamente,

Armando Frausto Solís,

Acerca de los autores

Armando   Juan
Frausto   Frausto

Armando refiere que Quásar es un tipo de cuerpo celeste, que está muy separado de la Tierra. El más lejano fue localizado a trece mil millones de años luz y se formó cuando el Universo era un "chiquillo" de unos 800 millones, edad que tenía hace 13 mil millones de años. Metafóricamente, a esa distancia en el tiempo se considera este autor de ser un experto sobre el Universo.

Por lo anterior y abordar un tema tan áspero, estructurar la obra ha sido el mayor reto de la larga trayectoria profesional, a través de más de medio siglo. No obstante, se pondera que no es un bisoño en el arte de arrancarle "a una pluma", o mejor dicho "a un teclado" las mejores frases para emitir: "De la Génesis al fin de nuestro Universo". Esta encomienda tan difícil, tal vez también lo sería para cualquier gran escritor del tema, conocedor por tanto de la Astronomía, Cosmología, Física y Matemáticas.

La emisión del libro la respalda su buena preparación académica y el gran cúmulo de trabajos técnicos y artículos desarrollados en toda su carrera, en un campo también muy especializado, por tratarse de la ingeniería de sistemas, orientada a la automatización, el control en tiempo real, la optimización y la seguridad de la red eléctrica de potencia, así como la gestión de los procesos de la empresa suministradora.

Ha sido conferencista del IEEE, en su Reunión de Verano de Potencia, RVP México y de otros foros. En esta etapa Covid presentó trabajos en eventos Webinar´s del Centro de Vinculación y Desarrollo Regional Unidad Cancún, del IPN, sobre la Génesis y Evolución del Universo y la Reforma Energética de México. En los últimos tres años ha colaborado como articulista de la revista Tláloc, que emite la Asociación de Jubilados de Luz y Fuerza, con temas sobre esos y otros tópicos.

Mucho se podría relatar acerca del autor. Los párrafos anteriores son la semblanza de tantos logros en su larga trayectoria científica e ingenieril, debiéndose resalta su pasión por los deportes, asegurando que ejercitarse es clave para la salud del cuerpo y de la mente.

Juan Frausto es investigador nacional en áreas de Ciencias Físico Matemáticas, Optimización, Sistemas inteligentes, lógica y aplicación en ciencia e ingeniería con inmensidad de aplicaciones que aparecen publicadas en la red, en diversos sitios como: https://scholar.google.com.mx/citations?user=KSJ0cvMAAAAJ&hl=es
https://orcid.org/0000-0001-9307-0734

Made in the USA
Columbia, SC
12 December 2022

72479863R00095